なにが でるかな？

王国シール

★わくわくシール★

じゆうに つかってね。シ

[redacted]

ドリル王子

もくひょう
一．時間を決めてする
一．くりかえし取り組む
一．さいごまでやりきる
めざせ、ドリルの王様！

いいかんじ！

ドリルの おしろ

ドリルじい

★できたシール★

この 本の さいごに ある がんばりひょう に すきな シールを はってね。うらないも 出て くるよ。

・・・・・・・すてきな ゆめが みられるかも！
・・・・・・・たのしい ことが おこるよ！
・・・・・・・べんきょうを がんばれるよ！
・・・・・・・あたらしい はっけんが あるよ！
・・・・・・・げんき いっぱいに なるよ！

ドリル王国へようこそ!!
王様になるために毎日がんばっているよ！
ドリル王子
王子をいつもおうえんしていますぞ！
ドリルじい
1
勉強するときは、このドリルをつかっているよ！
2
そっ、それは！
3
しっかり練習できて…
切り取れる！
キリトリ
4
がんばりひょうがついている…
ド
5
そう…それはドリルの王様！
ジャーーン！
3年の ローマ字 ドリルの王様
6
ほかにもこんなものがありますぞ！
うん うん
7
ふろくボード
パソコン練習ボード
プリふれ
プリンターをつかって楽しく学べるよ！
いっしょにがんばろう!!

※「プリふれ」はブラザー販売株式会社のコンテンツです。

ドリル王子の日常

ドリル王子と読書

ドリル王子とお勉強

ローマ字と英語のちがい

ローマ字は、アルファベットを使って日本語を書き表し「日本語の文字」の一つです。ローマ字は次のように表し

例「あ・い・う・え・お」→「a・i・u・e・o」
例「か・き・く・け・こ」→「ka・ki・ku・ke・ko」

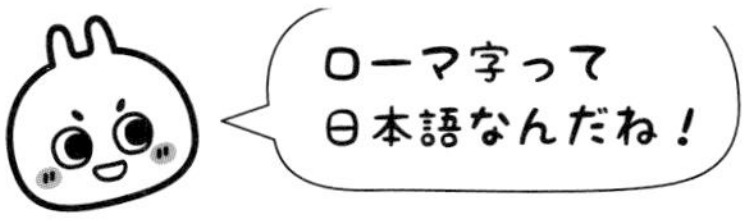
ローマ字って
日本語なんだね！

英語は、A、B……Zまでの26文字のアルファベットを使いますが、日本語のローマ字では、19文字だけ使います。▒の文字はふつう使いません。

CFJ
の3文字を使う、
別の書き方もあるよ。
p.55～56

A	B	C	D	E	F	G	H	I
J	K	L	M	N	O	P	Q	R
S	T	U	V	W	X	Y	Z	

ローマ字で覚えておくこと

1 大文字「A、B、C…」と小文字「a、b、c…」があります。ふつう、小文字を使います。
例 neko（ねこ）　inu（いぬ）

2 人の名前や地名は、ふつうはじめの文字を大文字で書きます。
例 Aomori（青森）　Tanaka Miyuki（たなか みゆき）

3 ア行は「a・i・u・e・o」と１字で書きます。「ん」も「n」と１字で書きます。カ行からは、「ka・ki・ku・ke・ko」と２字以上で書きます。

4 小さい「ゃ・ゅ・ょ」は、「kya・kyu・kyo」のように３字で書きます。
例 rya・ryu・ryo（りゃ・りゅ・りょ）

5 のばす音は、のばすしるし「＾」を「a・i・u・e・o」の上に書きます。
例 okâsan（おかあさん）　kôen（こうえん）

6 つまる音（小さい「っ」）は、次の音のはじめの文字を重ねて書きます。
例 rakko（らっこ）　kippu（きっぷ）

7 はねる音「ん（n）」の次に「a・i・u・e・o」や「y」がくるときは、「n」の後に「'」を書きます。
例 zen'in（全員）　kin'yôbi（金曜日）

ローマ字表

大文字／小文字	A/a	I/i	U/u	E/e	O/o			
	あ a	い i	う u	え e	お o			
K/k	か ka	き ki	く ku	け ke	こ ko	きゃ kya	きゅ kyu	きょ kyo
S/s	さ sa	し si [shi]	す su	せ se	そ so	しゃ sya [sha]	しゅ syu [shu]	しょ syo [sho]
T/t	た ta	ち ti [chi]	つ tu [tsu]	て te	と to	ちゃ tya [cha]	ちゅ tyu [chu]	ちょ tyo [cho]
N/n	な na	に ni	ぬ nu	ね ne	の no	にゃ nya	にゅ nyu	にょ nyo
H/h	は ha	ひ hi	ふ hu [fu]	へ he	ほ ho	ひゃ hya	ひゅ hyu	ひょ hyo
M/m	ま ma	み mi	む mu	め me	も mo	みゃ mya	みゅ myu	みょ myo
Y/y	や ya	(い) (i)	ゆ yu	(え) (e)	よ yo			
R/r	ら ra	り ri	る ru	れ re	ろ ro	りゃ rya	りゅ ryu	りょ ryo
W/w	わ wa	(い) (i)	(う) (u)	(え) (e)	を (o) [wo]			
N/n	ん n							
G/g	が ga	ぎ gi	ぐ gu	げ ge	ご go	ぎゃ gya	ぎゅ gyu	ぎょ gyo
Z/z	ざ za	じ zi [ji]	ず zu	ぜ ze	ぞ zo	じゃ zya [ja]	じゅ zyu [ju]	じょ zyo [jo]
D/d	だ da	ぢ (zi) [di]	づ (zu) [du]	で de	ど do	ぢゃ (zya) [dya]	ぢゅ (zyu) [dyu]	ぢょ (zyo) [dyo]
B/b	ば ba	び bi	ぶ bu	べ be	ぼ bo	びゃ bya	びゅ byu	びょ byo
P/p	ぱ pa	ぴ pi	ぷ pu	ぺ pe	ぽ po	ぴゃ pya	ぴゅ pyu	ぴょ pyo

おうちの方へ 小学校の国語では、ローマ字で日本語を書き表した「ローマ字つづり」のことを「ローマ字」とよんでいます。ローマ字の書き方には、訓令式、ヘボン式、日本式の３つがありますが、小学校では訓令式をおもに学習します。

1 あ行 a i u e o

月　日　時　分～　時　分

名前

✪ あ行は、アルファベットの「a エイ　i アイ　u ユー　e イー　o オウ」を使って表します。

小文字 矢じるしのじゅんになぞってから、練習しましょう。

あ a a

い i i

う u u

え e e

お o o

大文字 矢じるしのじゅんになぞってから、練習(れんしゅう)しましょう。

あ	A	A			
い	I	I			
う	U	U			
え	E	E			
お	O	O			

あ行のローマ字を、小文字でじゅんに書きましょう。

なぞりましょう 書きましょう

あ	い	う	え	お	あ	い	う	え	お
a	i	u	e	o					

おうちの方へ　ローマ字に決まった筆順(ひつじゅん)はありません。この本では、一例(いちれい)として、代表(だいひょう)的(てき)な筆順を示(しめ)しています。４線を使って、字形と高さに注意(ちゅうい)して練習しましょう。

2 あ行 aiueo を使った言葉

月	日	時	分～	時	分

名前

✪ あ行の音は、それぞれローマ字１文字で表します。
「aiueo」のことを「母音」といい、ローマ字ではよく使います。

✎ あ行のローマ字をなぞってから、練習しましょう。

あ	い	う	え	お
a	i	u	e	o

ローマ字力

ローマ字には、大文字と小文字がありますが、よく使われるのは小文字です。まずは小文字をしっかり身につけましょう。

大文字は、とくべつな場合に使います（→15、17ページ「ローマ字力」）。

決まった筆じゅんはないけど、３ページの筆じゅんにならって書こう！

✎ ローマ字を使って、言葉を表しましょう。

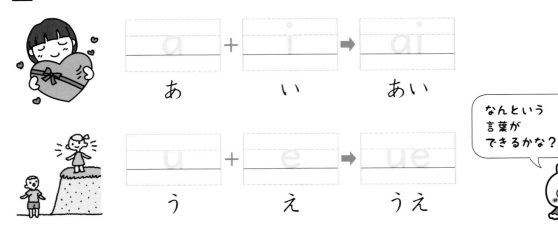

a ＋ i ➡ ai

あ　い　あい

u ＋ e ➡ ue

う　え　うえ

言葉をローマ字で書く練習をしましょう。

なぞりましょう	書きましょう	書きましょう
ie		
ao		
iu		

ローマ字を読み、ひらがなで書きましょう。

① au　（　　　）

② ei　（　　　）

③ oi　（　　　）

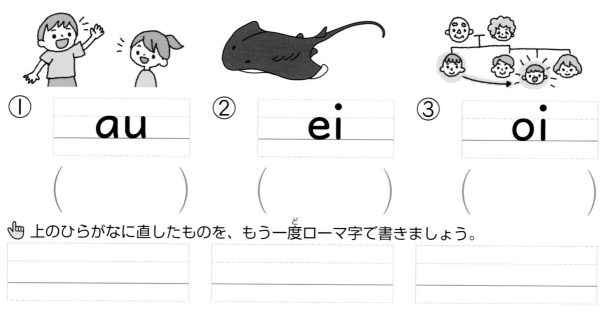

上のひらがなに直したものを、もう一度ローマ字で書きましょう。

この人はだれ？ 名前を読もう！

AOI　（　　　）

おうちの方へ　母音の「aiueo」は、ローマ字表記のいちばんの基本となるものです。しっかり身につけておきましょう。　答　①あう　②えい　③おい　?あおい

3 か行 ka ki ku ke ko

月 日 時 分～ 時 分

名前

✪ か行は、アルファベットの「k ケイ」と、母音の「aiueo」を組み合わせて書き表します。「か」は k + a → ka、「き」は k + i → ki となります。

矢じるしのじゅんになぞってから、練習しましょう。

小文字 k k

大文字 K K

k と K は形がにているね。k は1画目だけ第1線までつき出るよ。

か行のローマ字をなぞってから、練習しましょう。

か	き	く	け	こ
ka	ki	ku	ke	ko

ローマ字力

ローマ字を書くときは、正しい形で書けるように、4本の横線を引いたもの（「4線」とよびます）を使って練習します。

この本では、上から「第1線、第2線、第3線、第4線」とよびます。

言葉（ことば）をローマ字で書く練習（れんしゅう）をしましょう。

	なぞりましょう	書きましょう	書きましょう
	iki		
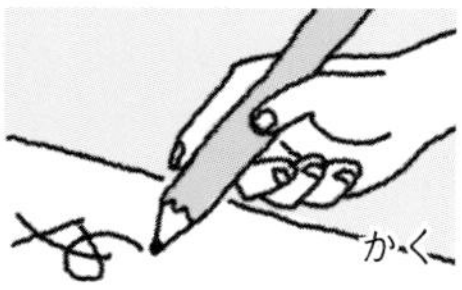	kaku		
	koe		
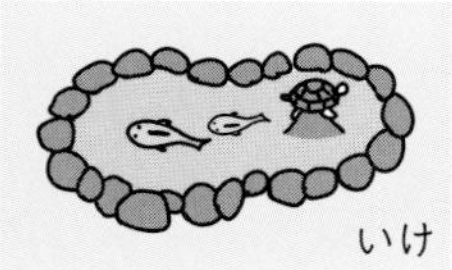	ike		

ローマ字を読み、ひらがなで書きましょう。

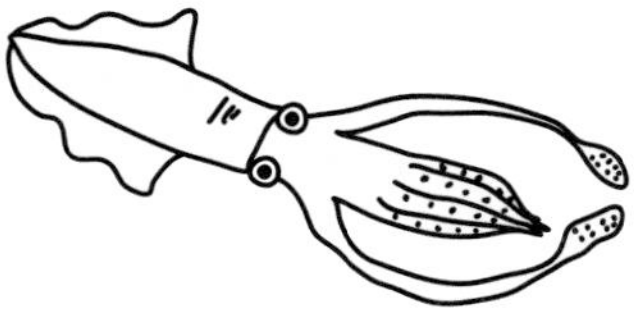

① ika （　　　）

② kiku （　　　）

③ ekaki （　　　）

上のひらがなに直したものを、もう一度（ど）ローマ字で書きましょう。

この人はだれ？
名前を読もう！

KEIKO （　　　）

おうちの方へ　ローマ字は、あ行や「ん」をのぞき、子音（しいん）と母音（ぼいん）の２字以上（いじょう）の組み合わせて表（あらわ）されることを理解（りかい）しましょう。　答　①いか　②きく　③えかき　?けいこ

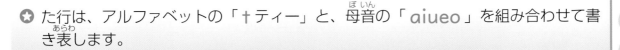

6 た行 ta ti tu te to

たちつてと

月　日　時　分～　時　分

名前

✪ た行は、アルファベットの「t ティー」と、母音の「aiueo」を組み合わせて書き表します。

✎ 矢じるしのじゅんになぞってから、練習しましょう。

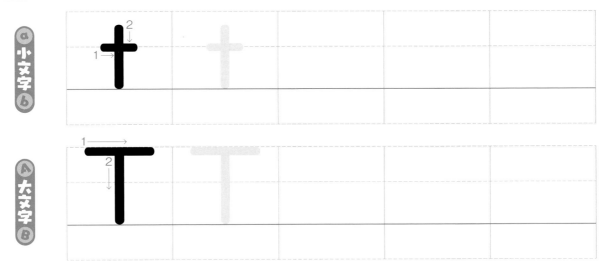

小文字 a b

1→ 2↓ t　t

大文字 A B

1→ 2↓ T　T

t のたての線は、第１線と第２線のとちゅうからはじまるよ。

✎ た行のローマ字をなぞってから、練習しましょう。

た	ち	つ	て	と
ta	ti	tu	te	to

ローマ字力

小文字は、第２線と第３線の間（中１だん）を中心にして書きます。
下2だんに書く文字（y、g、p）、上2だんに書く文字（k、h、d、b、f）、第2線から少し上にはみ出る文字（i、t）、その他（j）もあります。

言葉をローマ字で書く練習をしましょう。

	なぞりましょう	書きましょう	書きましょう
 たこ	tako		
 つき	tuki		
 かた	kata		
 ちち	titi		

ローマ字を読み、ひらがなで書きましょう。

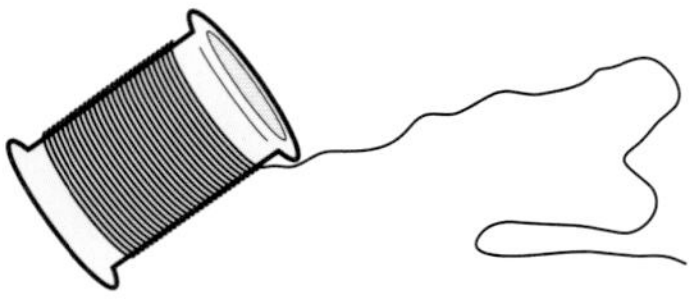

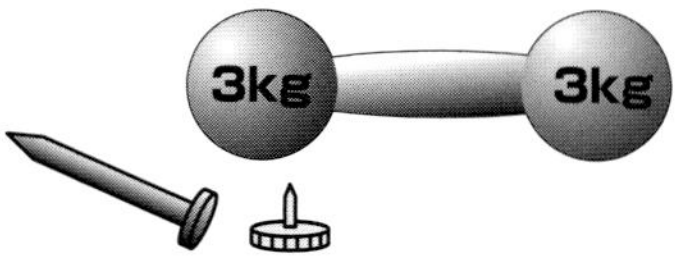

① ito （　　　）

② tetu （　　　）

③ kotatu （　　　）

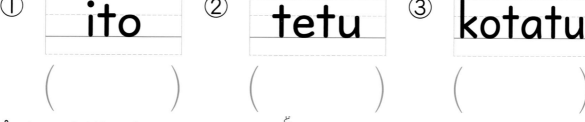

上のひらがなに直したものを、もう一度ローマ字で書きましょう。

ここはどこ？ 地名を読もう！

AKITA （　　　）

おうちの方へ 「ち・つ」をパソコンでローマ字入力するときは、訓令式の「ti・tu」もヘボン式の「chi・tsu」も、両方使えます。 答 ①いと ②てつ ③こたつ あきた

7 な行 na ni nu ne no

なにぬねの

月	日	時	分〜	時	分

名前

☆ な行は、アルファベットの「n エヌ」と、母音（ぼいん）の「aiueo」を組み合わせて書き表（あらわ）します。

✎ 矢じるしのじゅんになぞってから、練習（れんしゅう）しましょう。

小文字 a b

1 2 n n

大文字 A B

1 2 3 N N

Nの1画目は上から下に真（ま）っすぐ書こう。

✎ な行のローマ字をなぞってから、練習しましょう。

な	に	ぬ	ね	の
na	ni	nu	ne	no

ローマ字力

大文字は、地名や人の名前を表すときなどに使（つか）います。

「Akita」のように、はじめだけ大文字にするときと、「AKITA」のように、全部（ぜんぶ）大文字にするときがあります。

言葉をローマ字で書く練習をしましょう。

	なぞりましょう	書きましょう	書きましょう
	nasi		
	kani		
	tane		
	inu		

ローマ字を読み、ひらがなで書きましょう。

①　ani　（　　　）

②　nuno　（　　　）

③　kitune　（　　　）

上のひらがなに直したものを、もう一度ローマ字で書きましょう。

この人はだれ？
名前を読もう！

NAOTO　（　　　）

おうちの方へ　子音（k、s、t、n……）に「aiueo」を組み合わせれば50音が表せることを、もう一度確認しておきましょう。　答　①あに　②ぬの　③きつね　?なおと

8 は行 ha hi hu he ho

月	日	時	分〜	時	分

名前

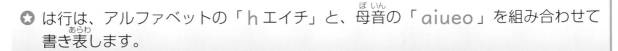

✪ は行は、アルファベットの「h エイチ」と、母音（ぼいん）の「aiueo」を組み合わせて書き表（あらわ）します。

✎ 矢じるしのじゅんになぞってから、練習（れんしゅう）しましょう。

小文字 h

大文字 H

h は n（→15ページ）とまちがわないように、1画目をしっかり上から書こう。

✎ は行のローマ字をなぞってから、練習しましょう。

は	ひ	ふ	へ	ほ
ha	hi	hu	he	ho

ローマ字力

文を書くときのはじめの文字は大文字にします。これは、英語（えいご）の文の書き方と同じです。

大文字は、第（だい）1線から第3線の間（上2だん）を使（つか）って書きます。

言葉(ことば)をローマ字で書く練習(れんしゅう)をしましょう。

	なぞりましょう	書きましょう	書きましょう
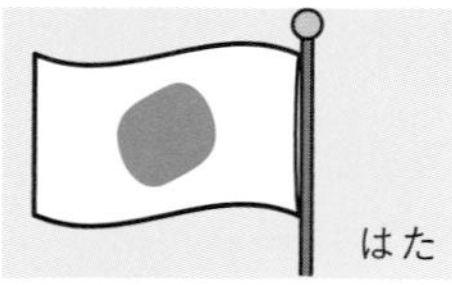	hata		
	hina		
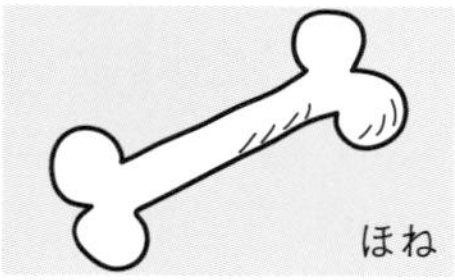	hone		
	hane		

ローマ字を読み、ひらがなで書きましょう。

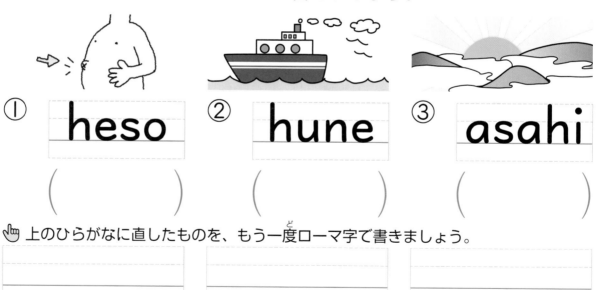

① heso　（　　　）

② hune　（　　　）

③ asahi　（　　　）

上のひらがなに直したものを、もう一度(ど)ローマ字で書きましょう。

この人はだれ？
名前を読もう！

HONOKA　（　　　）

おうちの方へ　「ほね」「はね」「ふね」では、h と n とのちがいを意識(いしき)して書きましょう。
なお、「ふ」はヘボン式(しき)では「fu」です。　答　①へそ　②ふね　③あさひ　?ほのか

9 まとめのテスト2

月　　日　目標時間 10分

名前　　/100

1 ローマ字の言葉を読んで、ひらがなで書きましょう。 30点(1つ5)

① neko　② kuti　③ nasu

(　　　)　(　　　)　(　　　)

④ haka　⑤ tanuki　⑥ hitai

(　　　)　(　　　)　(　　　)

2 □にぬけているアルファベットを入れて、絵の名前をかんせいさせましょう。 20点(1つ5)

① □osi

② kan□

③ ha□i

④ ki□oko

3 次の言葉をローマ字で書きましょう。

30点(1つ5)

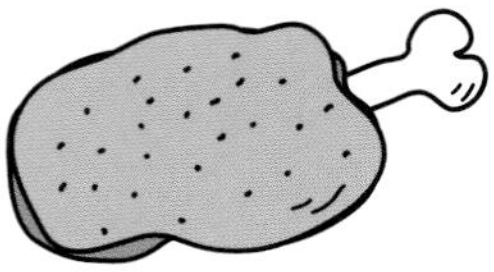

① 肉　にく

② たき

③ さてつ

④ 姉　あね

⑤ へそ

⑥ なのはな

4 ローマ字でしりとりをします。□にぬけているローマ字を書きましょう。

20点(1つ5)

〈れい〉 kita → tana → nasi

① ku□ → tu□ → titi

② hi□ → na□ → tuki

③ kono□ → ha□ → tokei

④ asa□ → hi□ → huku

答えは p.69 →

14 まとめのテスト3

月　日　目標時間 10分

名前　/100

1 ローマ字の言葉を読んで、ひらがなで書きましょう。 30点(1つ5)

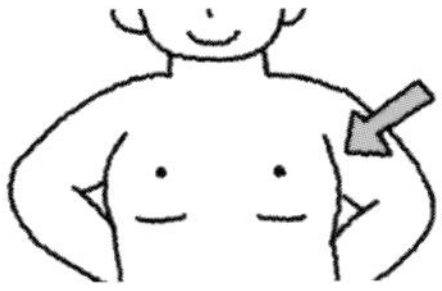

① mune
(　　　　)

② huro
(　　　　)

③ turara
(　　　　)

④ siro
(　　　　)

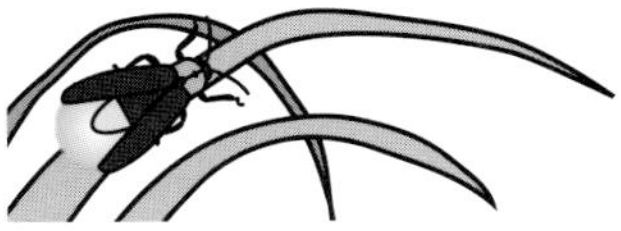

⑤ hotaru
(　　　　)

⑥ yamamori
(　　　　)

2 □にぬけているアルファベットを入れて、絵の名前をかんせいさせましょう。 20点(1つ5)

① tu□u

② ka□e

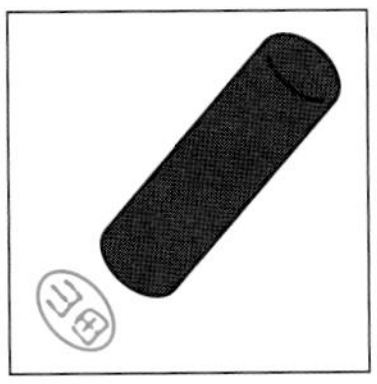

③ ha□ko

④ □ane

3 次(つぎ)の言葉(ことば)をローマ字で書きましょう。

30点(1つ5)

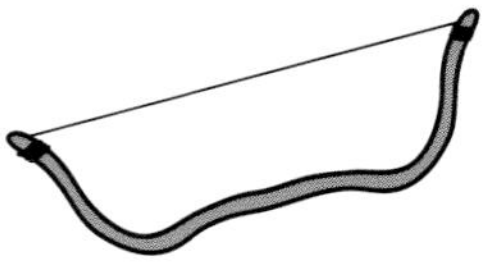

① 弓　ゆみ

② はれ

③ くもり

④ 川　かわ

⑤ ひよこ

⑥ 船員　せんいん

4 ローマ字でしりとりをします。□にぬけているローマ字を書きましょう。

20点(1つ5)

〈れい〉 uma → mame → meisi

① ku□ → ma□ → yuki

② hi□ → mo□ → risu

③ he□ → ya□ → mikan

④ a□ → wa□ → rainen

答えは p.69 →

15 表(ひょう)でかくにんしよう①

✪ ローマ字の50音の表です。たての列(れつ)には、それぞれ母音(ぼいん)の「aiueo」が、横(よこ)の列にはそれぞれ「k、s、t、n……」が通してついています。

「あ・か・さ・た・な……」と、表をたてに通して読んでみましょう。いちばん左の列にはすべて「a エイ」、次(つぎ)の列には「i アイ」がついていることをかくにんしましょう。

か行から、ら行まで、横に通して読んでみましょう。か行には「k ケイ」、さ行には「s エス」がついていますね。

表の　のぬけているところに、それぞれ大文字を書きましょう。

大文字	A				E					
	あ	a	い	i	う	u	え	e	お	o
K	か	ka	き	ki	く	ku	け	ke	こ	ko
	さ	sa	し	si	す	su	せ	se	そ	so
	た	ta	ち	ti	つ	tu	て	te	と	to
	な	na	に	ni	ぬ	nu	ね	ne	の	no
	は	ha	ひ	hi	ふ	hu	へ	he	ほ	ho
	ま	ma	み	mi	む	mu	め	me	も	mo
Y	や	ya	(い)	(i)	ゆ	yu	(え)	(e)	よ	yo
	ら	ra	り	ri	る	ru	れ	re	ろ	ro
	わ	wa	(い)	(i)	(う)	(u)	(え)	(e)	を	(o)
	ん	n								

うすい文字はなぞり、ぬけているところは書き入れて、ローマ字の50音の表をかんせいさせましょう。

大文字	A	I	U	E	O
	あ a	い	う u	え	お
K	か	き ki	く ku	け	こ ko
S	さ sa	し si	す	せ se	そ
T	た ta	ち	つ	て te	と to
N	な	に ni	ぬ nu	ね ne	の
H	は ha	ひ	ふ hu	へ	ほ ho
M	ま	み mi	む	め me	も mo
Y	や ya	（い）（i）	ゆ	（え）（e）	よ
R	ら ra	り	る ru	れ	ろ ro
W	わ	（い）（i）	（う）（u）	（え）（e）	を o
	ん n				

答えは p.72 →

おうちの方へ 子音（k、s、t、n……）に「aiueo」の組み合わせで50音を表すローマ字の仕組みをしっかり身につけておくと、パソコンの文字入力のさいにも役立ちます。

16 が行 ga gi gu ge go

月	日	時	分〜	時	分

名前

✪ が行は、アルファベットの「g ジー」と、母音(ぼいん)の「aiueo」を組み合わせて書き表(あらわ)します。

矢じるしのじゅんになぞってから、練習(れんしゅう)しましょう。

小文字 g g

大文字 G G

g は2画目の終(お)わりをしっかりカーブさせてね。

が行のローマ字をなぞってから、練習しましょう。

が	ぎ	ぐ	げ	ご
ga	gi	gu	ge	go

ローマ字力

ローマ字の形はひとつではありません。ブロック体にもいろいろな形があり、本によってちがいます。この本では、代表的(だいひょうてき)な形を学習(がくしゅう)します。

たとえば「G」には、「G」のほか、「G」や「G」もあります。

言葉をローマ字で書く練習をしましょう。

なぞりましょう	書きましょう	書きましょう

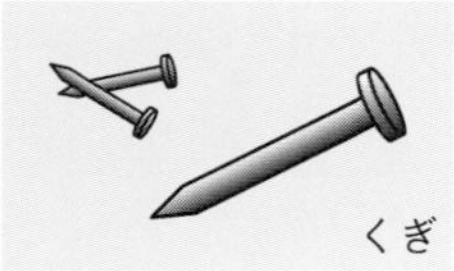

kugi

gaka

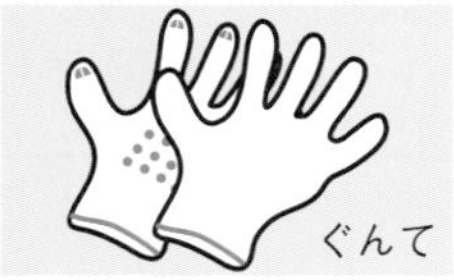

gunte

itigo

ローマ字を読み、ひらがなで書きましょう。

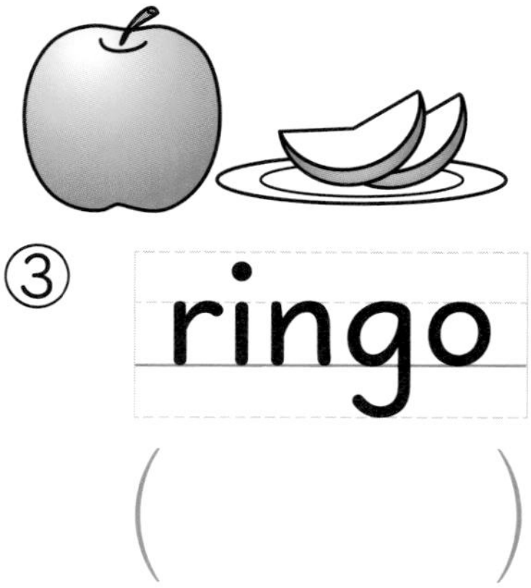

① kage
（　　　）

② ginga
（　　　）

③ ringo
（　　　）

上のひらがなに直したものを、もう一度ローマ字で書きましょう。

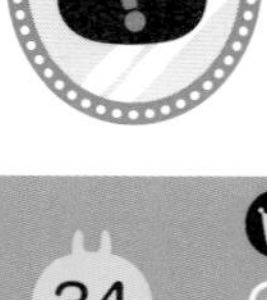

この人はだれ？ 名前を読もう！

GENTA

（　　　）

おうちの方へ 濁音、半濁音も子音＋母音で表すことを確認しましょう。「g」は活字体の「g」とのちがいに注意しましょう。 答 ①かげ ②ぎんが ③りんご ❓げんた

17 ざ行 za zi zu ze zo

月　日　時　分〜　時　分

名前

✪ ざ行は、アルファベットの「z ズィー」と、母音（ぼいん）の「aiueo」を組み合わせて書き表（あらわ）します。

✎ 矢じるしのじゅんになぞってから、練習（れんしゅう）しましょう。

小文字

z

大文字

Z

z と Z は同じ形。高さに気をつけよう。

✎ ざ行のローマ字をなぞってから、練習しましょう。

ざ	じ	ず	ぜ	ぞ
za	zi	zu	ze	zo

ローマ字力

ローマ字は、わずか 20 文字ほど覚（おぼ）えるだけで、日本語を書き表すことができます。

パソコンの文字入力では、少ないキーで言葉（ことば）を打（う）つことができるので、ローマ字での入力が広く使（つか）われています。

言葉(ことば)をローマ字で書く練習(れんしゅう)をしましょう。

	なぞりましょう	書きましょう	書きましょう
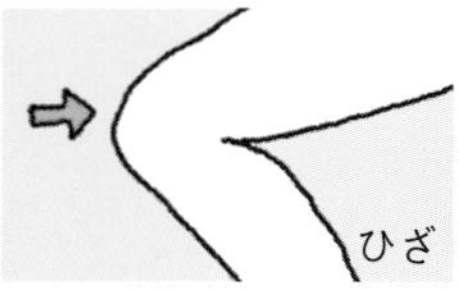	hiza		
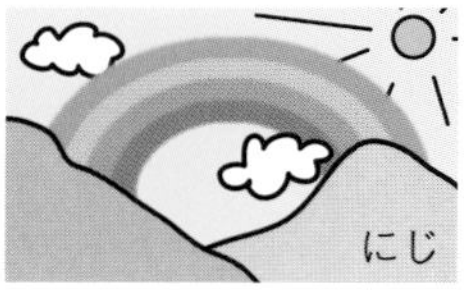	nizi		
	kaze		
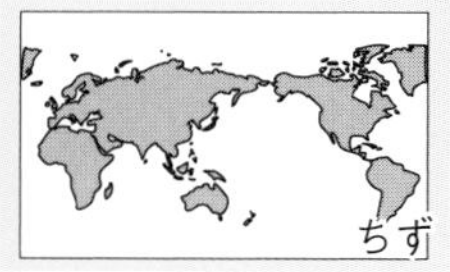	tizu		

ローマ字を読み、ひらがなで書きましょう。

① suzu （　　　）

② momizi （　　　）

③ kazoku （　　　）

上のひらがなに直したものを、もう一度(ど)ローマ字で書きましょう。

ここはどこ？
地名を読もう！

MIYAZAKI （　　　）

月 日 時 分～ 時 分
名前

20 ぱ行 papi pupepo

(ぱ ぴ ぷ ぺ ぽ)

✪ ぱ行は、アルファベットの「p ピー」と、母音（ぼいん）の「aiueo」を組み合わせて書き表（あらわ）します。

✎ 矢じるしのじゅんになぞってから、練習（れんしゅう）しましょう。

小文字 p p

大文字 P P

p と P はよくにているね。p の形と高さに気をつけて。

✎ ぱ行のローマ字をなぞってから、練習しましょう。

ぱ	ぴ	ぷ	ぺ	ぽ
pa	pi	pu	pe	po

ローマ字力

「N（エヌ） H（エイチ） K（ケイ）」は、「Nippon Hôsô Kyôkai」の頭（かしら）文字（単語（たんご）のさいしょの文字）をとって短（みじか）くした「りゃく語」です。

「NHK」のようなりゃく語を表すときは、ふつう大文字を使（つか）います。

言葉（ことば）をローマ字で書く練習（れんしゅう）をしましょう。

	なぞりましょう	書きましょう	書きましょう
	sinpu		
	sanpo		
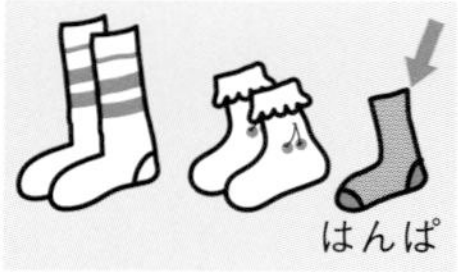	hanpa		
	manpuku		

ローマ字を読み、ひらがなで書きましょう。

① onpu　（　　　）

② tanpopo　（　　　）

③ sinpan　（　　　）

上のひらがなに直したものを、もう一度（ど）ローマ字で書きましょう。

この人はだれ？ 名前を読もう！

SANPEI　（　　　）

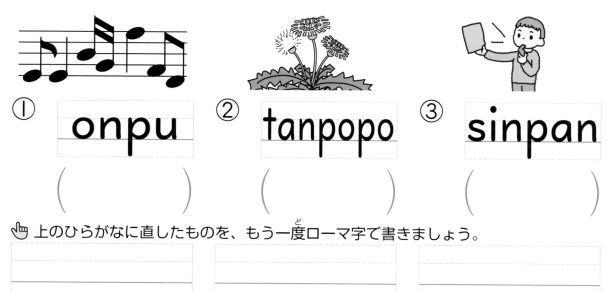

おうちの方へ　「ピンク」のように、ローマ字（pinku）と英語（えいご）（pink）のつづりがちがう外来語に注意（ちゅうい）しましょう。　答　①おんぷ　②たんぽぽ　③しんぱん　?さんぺい

21 まとめのテスト4

月　日　目標時間（もくひょう）10分

名前　　/100

1 ローマ字の言葉（ことば）を読んで、ひらがなで書きましょう。　30点（1つ5）

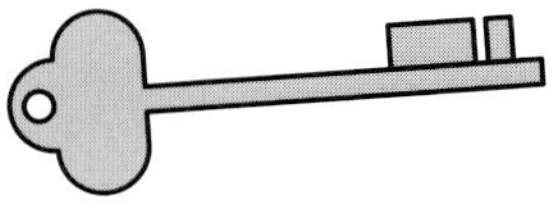

① kagi　（　　　）

② tokage　（　　　）

③ medaka　（　　　）

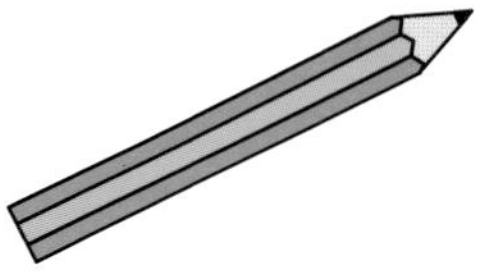

④ kuzira　（　　　）

⑤ zarigani　（　　　）

⑥ enpitu　（　　　）

2 □にぬけているアルファベットを入れて、絵の名前をかんせいさせましょう。　20点（1つ5）

① ti □ u

② me □ ane

③ aku □ i

④ raku □ a

3 次の言葉をローマ字で書きましょう。

30点(1つ5)

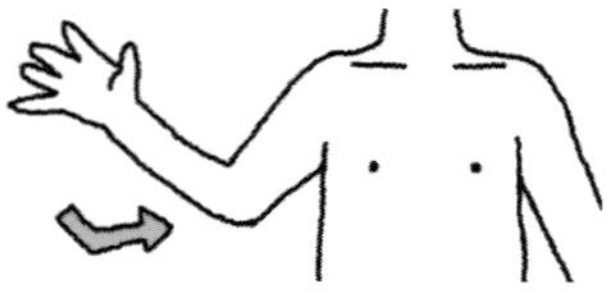

① ひじ

② さんぽ

③ どんぶり

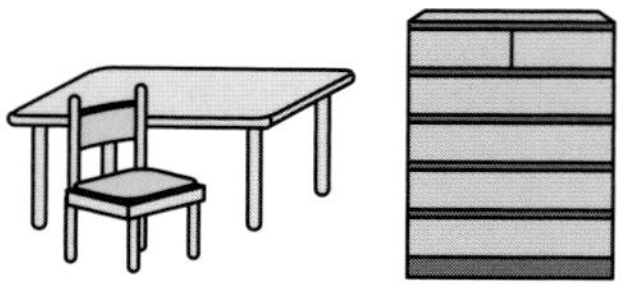

④ 家具 かぐ

⑤ うさぎ

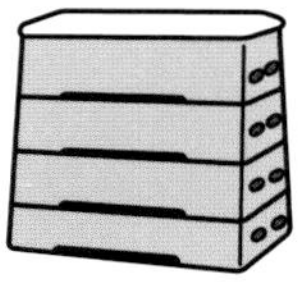

⑥ とびばこ

4 ローマ字でしりとりをします。□にぬけているローマ字を書きましょう。

20点(1つ5)

〈れい〉 ago → goma → mari

① e □ → dan □ → goza

② ku □ → gin □ → gakusei

③ ka □ → zen □ → buzi

④ so □ → dema □ → doro

答えは p.70 →

24 のばす音、つまる音

月	日	時	分〜	時	分
名前					

✪ のばす音は、「a・i・u・e・o」の上に「＾」をつけて書き表（あらわ）します。
小さい「っ」と書くつまる音は、次に来る文字を重（かさ）ねて書き表します。

のばす音のつくローマ字をなぞってから、練習（れんしゅう）しましょう。

アー	イー	ウー	エー	オー
â	î	û	ê	ô

ローマ字力

「ギター」は、外国から入ってきた言葉（ことば）です。ローマ字では「gitâ」ですが、英語（えいご）では「guitar」と書きます。
「piano（ピアノ）」や「pen（ペン）」のように、ローマ字も英語も同じように書く言葉もあります。

言葉をローマ字で書く練習をしましょう。

	なぞりましょう	書きましょう	書きましょう
	okâsan		
	onêsan		
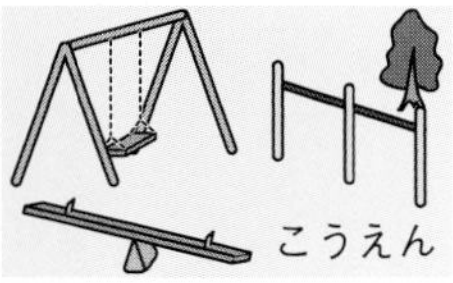	kôen		
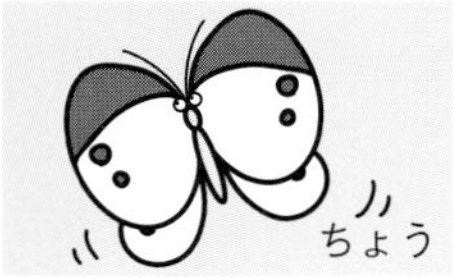	tyô		

つまる音の表（あらわ）し方をおぼえて、なぞってから練習（れんしゅう）をしましょう。

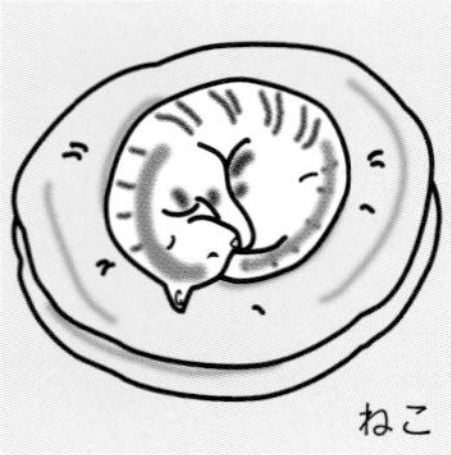
ねこ

neko

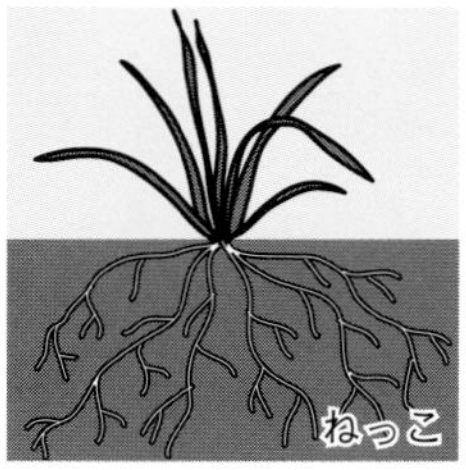
ねっこ

nekko

さか

saka

さっか

sakka

言葉（ことば）をローマ字で書く練習をしましょう。

	なぞりましょう	書きましょう	書きましょう
 きっぷ	kippu		
 ざっし	zassi		
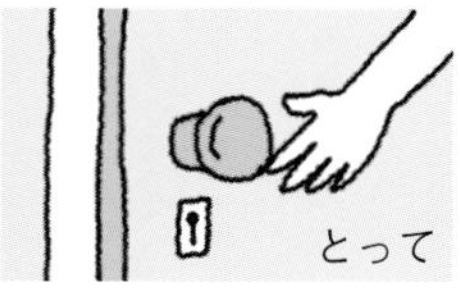 とって	totte		
 しょっき	syokki		
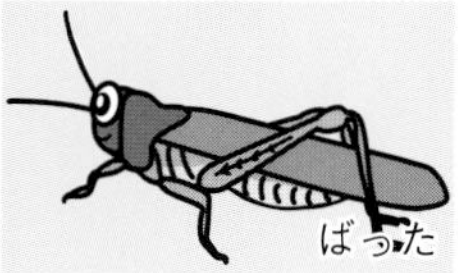 ばった	batta		
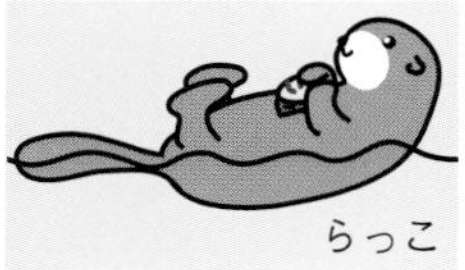 らっこ	rakko		

おうちの方へ　のばす音の表記（ひょうき）は「＾」のほか、「¯」なども使（つか）われます（→57 ページ）。「i」をのばすときは「î」のほか、「ii」とiを重（かさ）ねる書き方が多く見られます。

25 まとめのテスト5

月 日	目標時間 10分
名前	/100

1 ローマ字の言葉を読んで、ひらがなで書きましょう。 30点(1つ5)

① sippo
(　　　　)

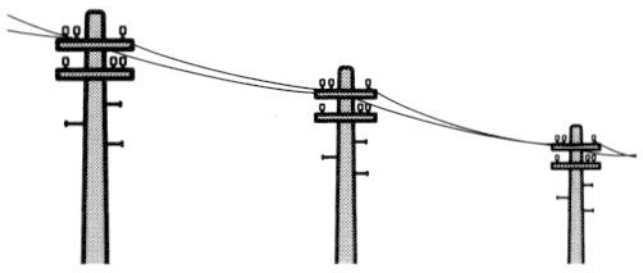

② dentyû
(　　　　)

③ syasin
(　　　　)

④ gyûnyû
(　　　　)

⑤ nikki
(　　　　)

⑥ butyô
(　　　　)

2 □にぬけているアルファベットを入れて、絵の名前をかんせいさせましょう。 20点(1つ5)

① ki□te

② gab□ô

③ aku□yu

④ gakk□

3 次の言葉をローマ字で書きましょう。

30点(1つ5)

① がっき

② 旅行 りょこう

③ じゃんけん

④ しゅみ

⑤ きょうりゅう

⑥ たっきゅう

4 右の絵を表すように、次のローマ字の言葉を、つまる音やのばす音を使った言葉に書きかえましょう。

20点(1つ5)

〈れい〉 neko ➡ nekko

① makura ➡

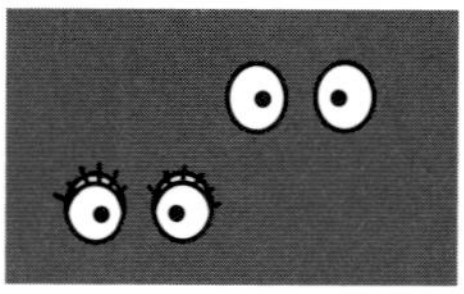

② doro ➡

③ ozisan ➡

④ seken ➡

答えは p.70 ➡

26 表(ひょう)でかくにんしよう②

月	日	時	分～	時	分

名前

「が」「じ」「ぼ」などのにごった音、「きゃ」「しゅ」「びょ」などの小さい「ゃ・ゅ・ょ」のつく音について、表でまとめてかくにんしましょう。

表の　のぬけているところに、それぞれ大文字を書きましょう。

表の中のうすい文字はなぞり、ぬけているところは書き入れて、ローマ字の表をかんせいさせましょう。

表を横(よこ)に通して読んだり、たてに通して読んだりして、それぞれ同じアルファベットが使(つか)われていることをかくにんしましょう。

大文字		I	U		O			
G	が ga	ぎ	ぐ	げ ge	ご	ぎゃ gya	ぎゅ	ぎょ gyo
	ざ	じ zi	ず zu	ぜ	ぞ zo	じゃ	じゅ zyu	じょ
D	だ	ぢ (zi)	づ (zu)	で de	ど	ぢゃ (zya)	ぢゅ (zyu)	ぢょ (zyo)
	ば ba	び	ぶ	べ	ぼ bo	びゃ	びゅ byu	びょ byo
P	ぱ	ぴ pi	ぷ	ぺ pe	ぽ po	ぴゃ pya	ぴゅ	ぴょ

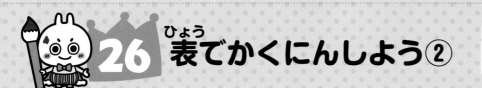

うすい文字はなぞり、ぬけているところは書き入れて、ローマ字の表（ひょう）をかんせいさせましょう。

大文字	A	I	U	E	O			
	あ a	い i	う u	え e	お o			
K	か ka	き ki	く ku	け ke	こ ko	きゃ kya	きゅ	きょ
S	さ sa	し si	す su	せ se	そ so	しゃ	しゅ syu	しょ
T	た ta	ち ti	つ tu	て te	と to	ちゃ	ちゅ	ちょ tyo
N	な na	に ni	ぬ nu	ね ne	の no	にゃ	にゅ nyu	にょ
H	は ha	ひ hi	ふ hu	へ he	ほ ho	ひゃ hya	ひゅ	ひょ
M	ま ma	み mi	む mu	め me	も mo	みゃ	みゅ myu	みょ
Y	や ya	（い） （i）	ゆ yu	（え） （e）	よ yo			
R	ら ra	り ri	る ru	れ re	ろ ro	りゃ	りゅ	りょ ryo
W	わ wa	（い） （i）	（う） （u）	（え） （e）	を o			
	ん n							

答えは p.72 →

おうちの方へ　濁音（たくおん）・半濁音（はんだくおん）に小さい「ゃ・ゅ・ょ」のついた音は、53 ページの濁音・半濁音の表といっしょにまとめてのせてあります。

27 べつの書き方 ①

月	日	時	分～	時	分

名前

✪ ローマ字の書き方には、これまで習った書き方とはべつの書き方もあります。べつの書き方には、アルファベットの「c スィー」「j ジェイ」「f エフ」も使います。

✎ 矢じるしのじゅんになぞってから、練習しましょう。

小文字

c　j　f

大文字

C　J　F

べつの書き方をおぼえましょう。

	し	しゃ	しゅ	しょ	ち	つ	ちゃ	ちゅ	ちょ
習った書き方	si	sya	syu	syo	ti	tu	tya	tyu	tyo
べつの書き方	shi	sha	shu	sho	chi	tsu	cha	chu	cho

	じ	じゃ	じゅ	じょ	ぢ	づ	ぢゃ	ぢゅ	ぢょ
習った書き方	zi	zya	zyu	zyo	zi	zu	zya	zyu	zyo
べつの書き方	ji	ja	ju	jo	di	du	dya	dyu	dyo

	か(くゎ)	ふ	を	が(ぐゎ)
習った書き方	ka	hu	o	ga
べつの書き方	kwa	fu	wo	gwa

べつの書き方のローマ字で、言葉(ことば)を書く練習(れんしゅう)をしましょう。

なぞりましょう	書きましょう	書きましょう
ocha		
tsukushi		
jitensha		
hanadi		

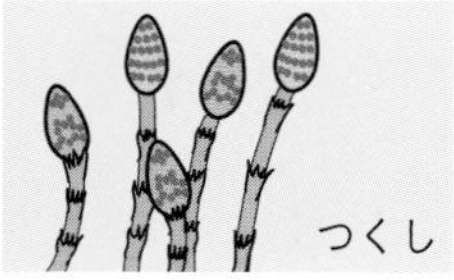

べつの書き方のローマ字を読み、ひらがなで書きましょう。

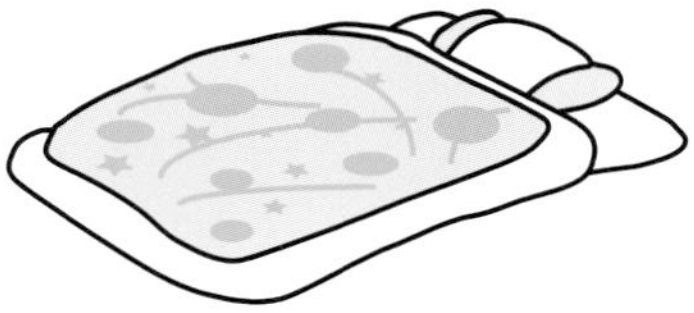

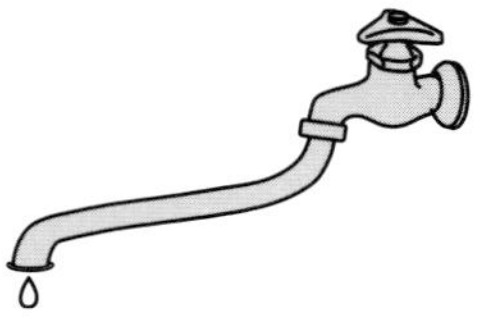

① shippo （　　　）

② futon （　　　）

③ jaguchi （　　　）

上のひらがなに直したものを、もう一度(ど)ローマ字で書きましょう。

ここはどこ？
地名を読もう！

FUKUSHIMA （　　　）

おうちの方へ　「くゎ・ぐゎ」という音が日本語から消(き)えつつあるため、「kwa・gwa」は、いまではあまり使(つか)われません。　答　①しっぽ　②ふとん　③じゃぐち　ふくしま

答え 3年のローマ字

●ここでは、次の答えをのせています。
まとめのテスト 1〜6
仕上げのテスト 1〜3
表でかくにんしよう①・②

5 まとめのテスト1 p.11・12

1 ①あか ②しき ③おけ
④くさ ⑤あせ ⑥こし

2 ① asi ② kuki
③ kasa ④ asika

3 ① eki ② sika ③ aki
④ sake ⑤ kuku ⑥ suika

4 ① asa → saka → kao
② ika → kaki → kisi
③ isi → sio → oka
④ sai → isu → susi

おうちの方へ
2 ひらがなを書いてみて、□に入るのが母音の「aiueo」なのか、子音の「k」や「s」なのかをまず考えるとよいでしょう。

9 まとめのテスト2 p.19・20

1 ①ねこ ②くち ③なす
④はか ⑤たぬき ⑥ひたい

2 ① hosi ② kani
③ hati ④ kinoko

3 ① niku ② taki ③ satetu
④ ane ⑤ heso ⑥ nanohana

4 ① kutu → tuti → titi
② hina → natu → tuki
③ konoha → hato → tokei
④ asahi → hihu → huku

おうちの方へ
2〜**4**「h」と「n」をしっかり書き分けましょう。
4 次の語の頭の２文字が入ります。

14 まとめのテスト3 p.29・30

1 ①むね ②ふろ ③つらら
④しろ ⑤ほたる ⑥やまもり

2 ① turu ② kame
③ hanko ④ yane

3 ① yumi ② hare ③ kumori
④ kawa ⑤ hiyoko ⑥ sen'in

4 ① kuma → mayu → yuki
② himo → mori → risu
③ heya → yami → mikan
④ awa → wara → rainen

おうちの方へ
3 ⑥「n」に続けて「aiueo」や「y」がくるときは、「n」のあとに「'」を入れて、音の区切りをはっきりさせます。

21 まとめのテスト4 p.43・44

1 ①かぎ ②とかげ ③めだか
④くじら ⑤ざりがに ⑥えんぴつ

2 ① tizu ② megane
③ akubi ④ rakuda

3 ① hizi ② sanpo ③ donburi
④ kagu ⑤ usagi ⑥ tobibako

4 ① eda → dango → goza
② kugi → ginga → gakusei
③ kaze → zenbu → buzi
④ sode → demado → doro

おうちの方へ
1 ⑥「n」1文字で「ん」を表(あらわ)すことを思い出しましょう。
3 ①「じ」は「zi」。「gi」は「ぎ」です。

25 まとめのテスト5 p.51・52

1 ①しっぽ ②でんちゅう ③しゃしん
④ぎゅうにゅう ⑤にっき ⑥ぶちょう

2 ① kitte ② gabyô
③ akusyu ④ gakkô

3 ① gakki ② ryokô
③ zyanken ④ syumi
⑤ kyôryû ⑥ takkyû

4 ① makura → makkura
② doro → dôro
③ ozisan → ozîsan
④ seken → sekken

おうちの方へ
1 子音(しいん)のあとに「ya・yu・yo」があれば小さい「ゃ・ゅ・ょ」のつく音，同じ子音が重(かさ)なっていればつまる音，「^」が母音(ぼいん)についていればのばす音になります。
2 ④「^」をわすれないようにしましょう。

30 まとめのテスト6 p.61・62

1 ①じょうろ ②もち ③ふうしゃ
④さんま ⑤にじ ⑥うちゅう

2 ① ushi ② jaguchi
③ kōcha ④ kashu

3 ① shimpu ② shashin
③ kutsu ④ tōfu
⑤ jidōsha ⑥ matcha

4 ① mokuyôbi
② Takahara-syôgakkô
③ 3-nen 2-kumi
④ Yamada-Sin'iti

おうちの方へ
1～3 55ページの表(ひょう)でべつの書き方を確認(かくにん)しておくとよいでしょう。
4 べつの書き方も正解(せいかい)です。① mokuyōbi
② Takahara-shōgakkō ④ Yamada-Shin'ichi

31 仕上げのテスト1 p.63・64

1 ①いわ ②みかん ③だんご ④からす ⑤ゆげ ⑥ざるそば

2 ① kuma ② mozi ③ hasi ④ sika

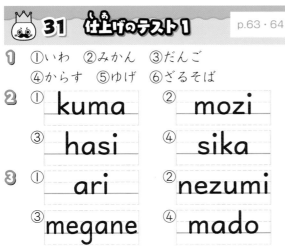

3 ① ari ② nezumi ③ megane ④ mado ⑤ tokei ⑥ sinpan

4 ① samui ② hukai ③ karui ④ mizikai

おうちの方へ

2 それぞれ，もとの言葉の前に子音を加えます。
3 ⑥ 「ん」は「n」1文字で表します。べつの書き方の shinpan ／ shimpan も正解です。
4 べつの書き方も正解です。②fukai ④mijikai

32 仕上げのテスト2 p.65・66

1 ① kokugo ② sansû ③ rika ④ taiiku ⑤ ongaku ⑥ zukô

gakki / tobibako / kanzi / zikken / nendo / sankakuzyôgi

(① kokugo—kanzi, ② sansû—sankakuzyôgi, ③ rika—zikken, ④ taiiku—tobibako, ⑤ ongaku—gakki, ⑥ zukô—nendo)

2 ①はっぴ ②ふとんや ③ちょうじょう ④れっしゃ

3 ① zikanwari ② tukue ③ gakkyûbunko ④ isu ⑤ kokuban ⑥ happyô

4 ① byôin ② kitte ③ ningyô ④ tan'i

おうちの方へ

2 「'」や「^」を見落とさないようにします。
3 べつの書き方も正解です。①jikanwari ②tsukue

33 仕上げのテスト3 p.67・68

1 ①とっとりけん ②ぎんざ ③びわこ ④うつのみやし ⑤ほっかいどう

2 ① bôsi ② zassi ③ kyûsu ④ tyawan

3 ① chika ② fukin ③ majo ④ tsutsuji ⑤ shashin

4 ① Harada-Ken'ya ② Kitamura-syôgakkô ③ 3-nen 3-kumi

おうちの方へ

1 地名や人名は，最初だけ大文字のときと，すべて大文字にするときがあります。
3 訓令式だと，① tika ② hukin ③ mazyo ④ tutuzi ⑤ syasin となります。
4 ① 「けんや」には，「'」を入れます。
② べつの書き方の「Kitamura-shōgakkō」も正解です。

15 表(ひょう)でかくにんしよう① p.31・32

31 ページの表の答え

大文字	A		I		U		E		O	
	あ	a	い	i	う	u	え	e	お	o
K	か	ka	き	ki	く	ku	け	ke	こ	ko
S	さ	sa	し	si	す	su	せ	se	そ	so
T	た	ta	ち	ti	つ	tu	て	te	と	to
N	な	na	に	ni	ぬ	nu	ね	ne	の	no
H	は	ha	ひ	hi	ふ	hu	へ	he	ほ	ho
M	ま	ma	み	mi	む	mu	め	me	も	mo
Y	や	ya	(い)	(i)	ゆ	yu	(え)	(e)	よ	yo
R	ら	ra	り	ri	る	ru	れ	re	ろ	ro
W	わ	wa	(い)	(i)	(う)	(u)	(え)	(e)	を	(o)
	ん	n								

32 ページの表の答え

大文字	A		I		U		E		O	
	あ	a	い	i	う	u	え	e	お	o
K	か	ka	き	ki	く	ku	け	ke	こ	ko
S	さ	sa	し	si	す	su	せ	se	そ	so
T	た	ta	ち	ti	つ	tu	て	te	と	to
N	な	na	に	ni	ぬ	nu	ね	ne	の	no
H	は	ha	ひ	hi	ふ	hu	へ	he	ほ	ho
M	ま	ma	み	mi	む	mu	め	me	も	mo
Y	や	ya	(い)	(i)	ゆ	yu	(え)	(e)	よ	yo
R	ら	ra	り	ri	る	ru	れ	re	ろ	ro
W	わ	wa	(い)	(i)	(う)	(u)	(え)	(e)	を	o
	ん	n								

26 表でかくにんしよう② p.53・54

53 ページの表の答え

大文字	A	I	U	E	O			
G	が ga	ぎ gi	ぐ gu	げ ge	ご go	ぎゃ gya	ぎゅ gyu	ぎょ gyo
Z	ざ za	じ zi	ず zu	ぜ ze	ぞ zo	じゃ zya	じゅ zyu	じょ zyo
D	だ da	ぢ (zi)	づ (zu)	で de	ど do	ぢゃ (zya)	ぢゅ (zyu)	ぢょ (zyo)
B	ば ba	び bi	ぶ bu	べ be	ぼ bo	びゃ bya	びゅ byu	びょ byo
P	ぱ pa	ぴ pi	ぷ pu	ぺ pe	ぽ po	ぴゃ pya	ぴゅ pyu	ぴょ pyo

54 ページの表の答え

大文字	A	I	U	E	O			
	あ a	い i	う u	え e	お o			
K	か ka	き ki	く ku	け ke	こ ko	きゃ kya	きゅ kyu	きょ kyo
S	さ sa	し si	す su	せ se	そ so	しゃ sya	しゅ syu	しょ syo
T	た ta	ち ti	つ tu	て te	と to	ちゃ tya	ちゅ tyu	ちょ tyo
N	な na	に ni	ぬ nu	ね ne	の no	にゃ nya	にゅ nyu	にょ nyo
H	は ha	ひ hi	ふ hu	へ he	ほ ho	ひゃ hya	ひゅ hyu	ひょ hyo
M	ま ma	み mi	む mu	め me	も mo	みゃ mya	みゅ myu	みょ myo
Y	や ya	(い) (i)	ゆ yu	(え) (e)	よ yo			
R	ら ra	り ri	る ru	れ re	ろ ro	りゃ rya	りゅ ryu	りょ ryo
W	わ wa	(い) (i)	(う) (u)	(え) (e)	を o			
	ん n							

漢字のふくしゅう

1. 漢字の広場 2年生で習った漢字

(合格)80点 /100
サクッとこたえあわせ
101ページ
月　日

1 漢字の読みがなを書きましょう。 18点(一つ2)

① 大きな花たばを 買 う。( )

② 高 い木にのぼる。( )

③ 家に 帰 る。( )

④ やきゅうの 天才。( )

⑤ 丸 いあな。( )

⑥ 顔 をあらう。( )

⑦ 休みの日は 外 であそぶ。( )

⑧ 夜に 日記 を書く。( )

⑨ 今週 のよていを立てる。( )

2 あてはまる漢字を書き… 32点(一…)

① きりんが □(くび) をのばす。

② □□(ちず) を見る。

③ □□(ほうがく) をたしかめる。

④ つなを □(ひ) く。

⑤ □□(しんゆう) ができる。

⑥ 学校が □(たの) しい。

⑦ □(おとうと) がいる。

⑧ テレビの □□(ばんぐみ)。

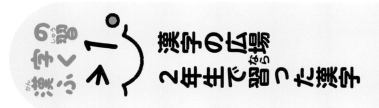

3 漢字の読みがなを書きましょう。 18点(一つ2)

① 市場（　　）へ行く。

② 古（　　）いお寺。

③ 画用紙（　　）に絵をかく。

④ きょうの新聞（　　）。

⑤ 理科（　　）のじっけん。

⑥ 汽車（　　）にのる。

⑦ 大きな魚（　　）をつる。

⑧ 毛糸（　　）のぼうし。

⑨ うさぎが野原（　　）をかける。

4 あてはまる漢字を書きましょう。 32点(一つ4)

① □□（かっき）があふれる。

② □（みなみ）へむかう。

③ □□（こうえん）に行く。

④ □□（さんすう）のテスト。

⑤ クイズを□（かんが）える。

⑥ きれいな□□（うたごえ）。

⑦ すずしい□（かぜ）がふく。

⑧ □□（むぎちゃ）をのむ。

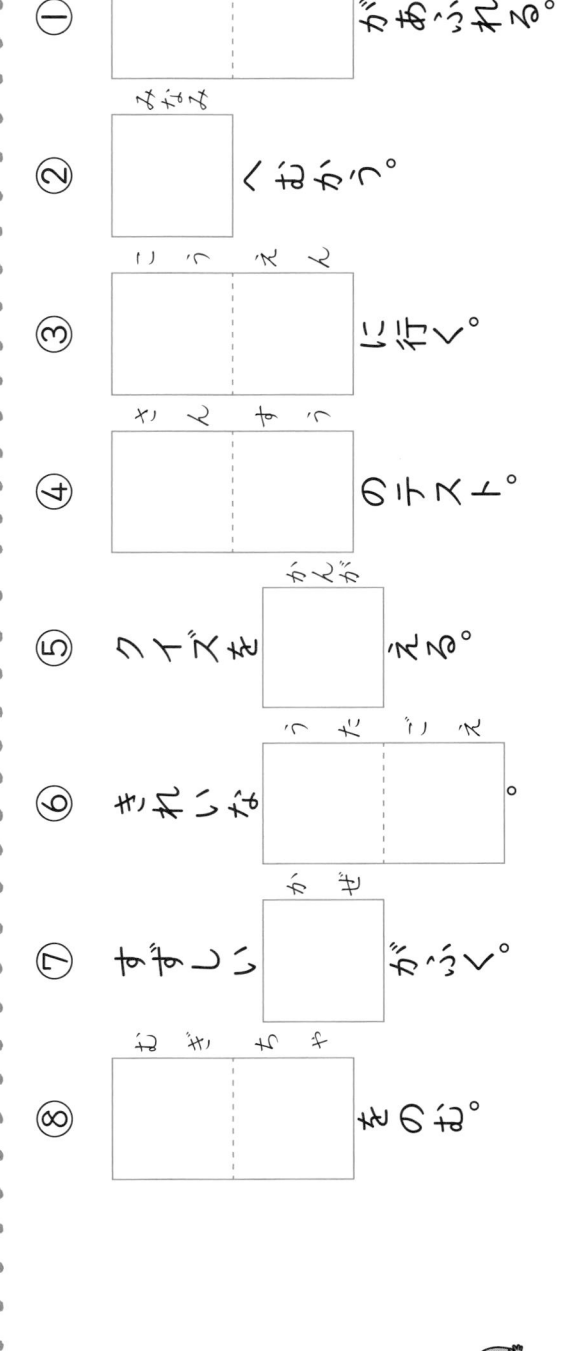

月　日

答え 101ページ

サクッとこたえあわせ

時間 15分　ごうかく80点　/100

きほんのドリル 2。

どきん　春風をたどって (1)

読んでおぼえよう！

●…読み方が新しい漢字　＝…送りがな

教16ページ	言　いう　こと
教17ページ	目　モク　め

1 読みがなを書きましょう。　20点(1つ4)

① 詩を作る。（　）

② 木の葉っぱ。（　）

③ たくさん学習する。（　）

④ ワンピースを着る。（　）

⑤ ぶたいに登場する。（　）

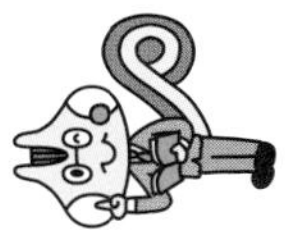

書いておぼえよう！

教16ページ　**詩**　シ　（はねる）
詩人(しじん)　詩を楽しむ(たの)　詩作(しさく)
ごんべん　13画

教16ページ　**葉**　ヨウ　は
さくらの葉　かれ葉　落葉(らくよう)
くさかんむり　12画

教17ページ　**習**　シュウ　ならう　（むきにちゅうい！）
絵を習う(え・なら)　学習(がくしゅう)　自習(じしゅう)
はね　11画

教17ページ　**着**　チャク　きる　きせる　つく　つける
着る(き)　着せる(き)　着く(つ)　着目(ちゃくもく)
ひつじ　12画

教21ページ　**登**　トウ　ト　のぼる
山に登る(やま・のぼ)　登校(とうこう)　登山(とざん)
はつがしら　12画

うらのページにつづくよ！

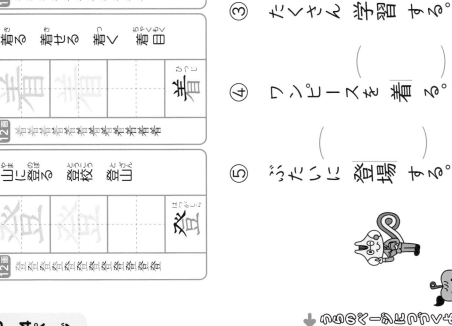

2 あてはまる漢字（かんじ）を書きましょう。

80点（一つ10）

① 感（かん）じたことを［し］に書く。

② きれいな形をした［は］っぱ。

③ わかりやすい［こと・ば］で話す。

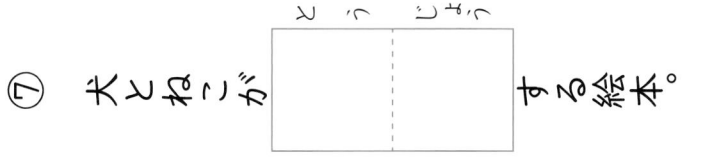

④ 姉からピアノを［なら］う。

⑤ ユニフォームがよごれたので［き］がえる。

⑥ 絵の色づかいに［ちゃく・もく］する。

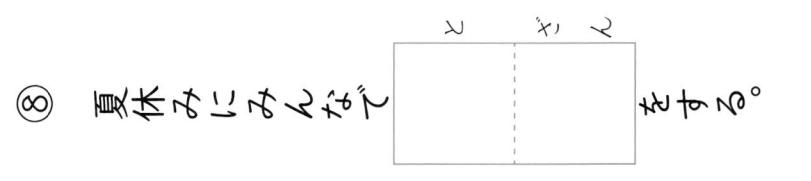

⑦ 犬とねこが［とう・じょう］する絵本。

⑧ 夏休みにみんなで［と・ざん］をする。

⑤「きる」には、同じ読み方をする「切る」があるので、正しくつかい分けようね。

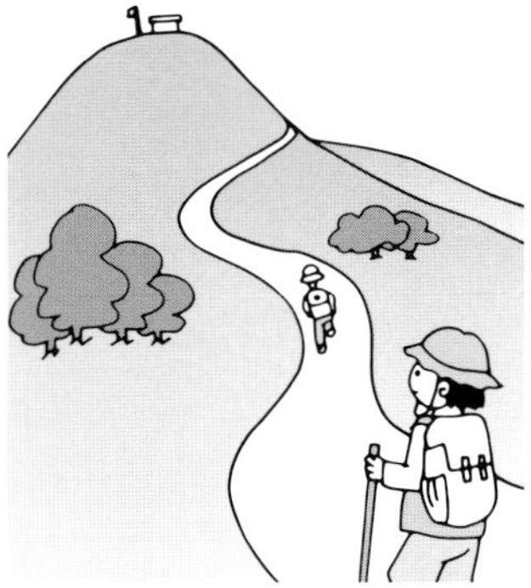

ヒント ２ ⑥「ちゃくもく」は気をつけて見ることです。

きほんのドリル 3。

春風をたどって (2)

時間 15分　ごうかく80点　/100

答え101ページ

月　日

読んでおぼえよう！

●…読み方が新しい漢字

- 金（キン・コン・かね）教23ページ
- 色（ショク・いろ）教23ページ
- 黄（オウ・き）教23ページ

書いておぼえよう！

漢字	読み	画数	部首	言葉	教科書
物	ブツ・モツ・もの	8画	うしへん	物語（ものがたり）、品物（しなもの）、物体（ぶったい）、作物（さくもつ）	教21ページ
持	ジ・もつ	9画	てへん	持つ（もつ）、人物（じんぶつ）の気持（きも）ち、持続（じぞく）、持参（じさん）	教21ページ
旅	リョ・たび	10画	ほうへん・かたへん	旅（たび）をする、旅先（たびさき）、旅行（りょこう）	教22ページ
始	シ・はじめる・はじまる	8画	おんなへん	げきを始（はじ）める、始（はじ）まる、開始（かいし）	教24ページ
進	シン・すすむ・すすめる	11画	しんにょう・しんにゅう	前（まえ）へ進（すす）む、進（すす）める、進行（しんこう）	教24ページ

1 読みがなを書きましょう。　20点（一つ4）

① じゅうような 人物（　　）。

② 手に本を 持（　　）つ。

③ 旅行（　　）の写真（しゃしん）を見る。

④ 物語（がたり）の 始（　　）まり。

⑤ 会の 進行（　　）。

うらのページにつづくよ！

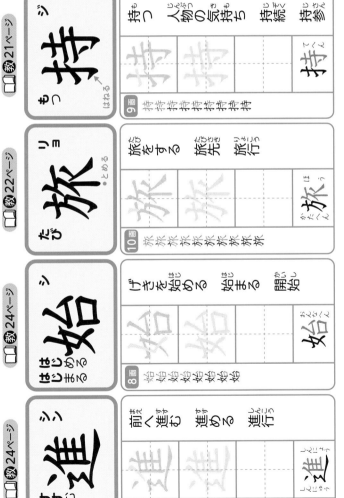

2 あてはまる漢字を書きましょう。

80点（一つ10）

① げきの登場［じんぶつ］のせりふ。

② 本がたくさん入った重（おも）いかばんを［も］つ。

③ みんなで［りょこう］を楽しむ。

④ 大きな船で［たび］に出る。

⑤ ［おうごん］に光るメダル。

⑥ もうすぐ学校が［はじ］まる。

⑦ 船をおきに向（む）かってゆっくり［すす］める。

⑧ 電車が［しんこう］する。

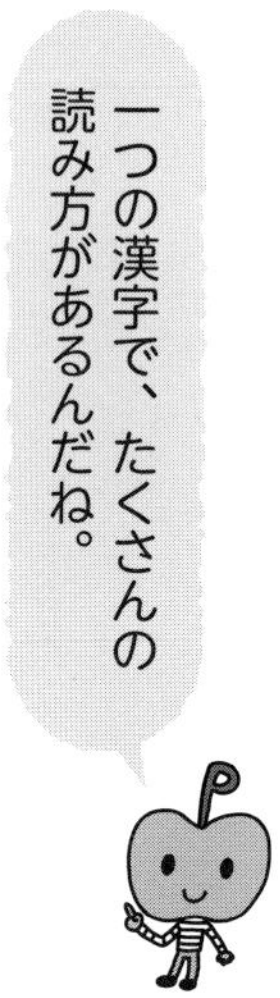

一つの漢字で、たくさんの読み方があるんだね。

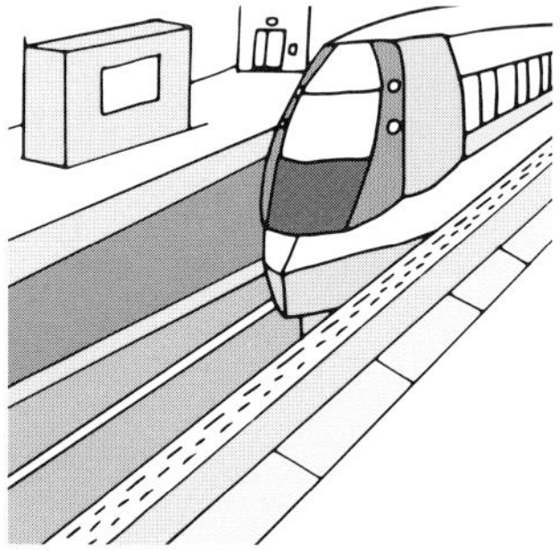

ヒント ２⑧「しんこう」は、同じような意味（いみ）の漢字を組み合わせたじゅく語です。

きほんのドリル 4。

春風をたどって
図書館たんていだん (3)

(1)

時間 15分
ごうかく 80点 /100
サクッとこたえあわせ
答え 101ページ
月　日

書いておぼえよう！

教 25ページ
動 ドウ　うごく　うごかす　（はねる）
11画　動動動動動動動動動動動
手(て)が動(うご)く　足(あし)を動(うご)かす　動物(どうぶつ)
動（ちから）

教 26ページ
深 シン　ふかい　ふかまる　ふかめる
11画　深深深深深深深深深深深
深(ふか)い　深(ふか)まる　深(ふか)める　水深(すいしん)
深（さんずい）

教 27ページ
様 ヨウ　さま　（出ない）
14画　様様様様様様様様様様様様様様
王様(おうさま)　神様(かみさま)　様子(ようす)　同様(どうよう)
様（きへん）

教 32ページ
面 メン
9画　面面面面面面面面面
面会(めんかい)　方面(ほうめん)　画面(がめん)　面積(めんせき)
面（めん）

教 35ページ
館 カン　やかた
16画　館館館館館館館館館館館館館館館館
古(ふる)い館(やかた)　図書館(としょかん)　館長(かんちょう)　開館(かいかん)
館（しょくへん）

読んでおぼえよう！

●…読み方が新しい漢字(かんじ)　||…送(おく)りがな
●…とくべつな読み方をする漢字

教27ページ 子（こ・ス）	教32ページ 語（ゴ・かたる・かたらう）	教28ページ 一人（ひとり）
教30ページ 空（クウ・そら・あく・あける・から）	教25ページ 今日（きょう）	教33ページ 二人（ふたり）

1 読みがなを書きましょう。　20点（一つ4）

① 森の 動物 たち。（　　）

② 深 い川。（　　）

③ しずかな 様子 。（　　）

④ 北の 方面 。（　　）

⑤ 図書館 でしらべる。（　　）

← うらのページにつづくよ！

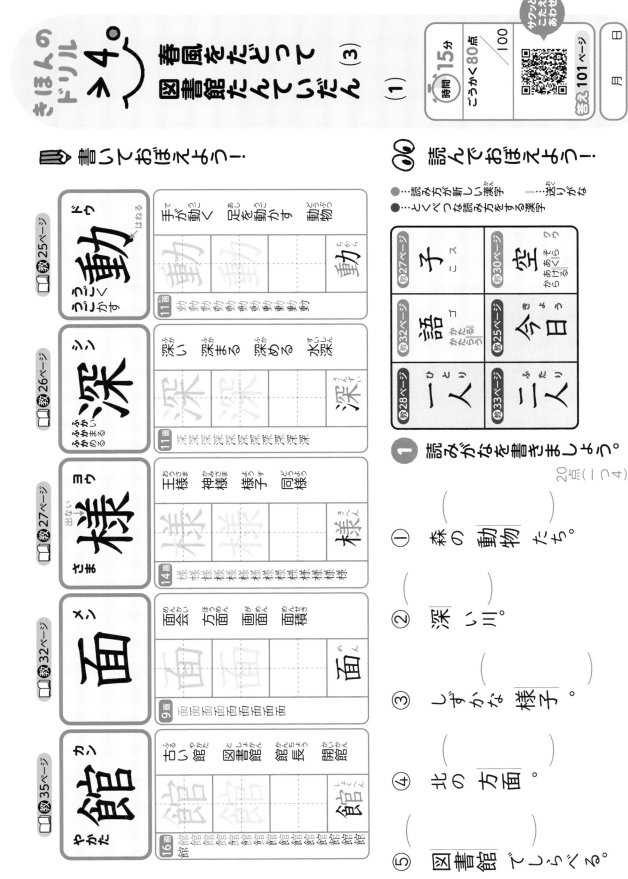

2 あてはまる漢字(かん)を書きましょう。

① かわいい［どうぶつ］の子ども。

② グラウンドで元気に［うご］く。

③ 父はしごとで［しんや］に出かけていった。

④ 本をたくさん読んで知(ち)しきが［ふか］まる。

⑤ まわりの［ようす］をうかがう。

⑥ カブトムシはこん虫の［おうさま］だ。

⑦ パソコンの［がめん］にうつる。

⑧ となり町の［としょかん］で本をかりる。

⑤「ようすをうかがう」という言い方をおぼえましょう！

ヒント ②

④一つのことがらについてくわしく学び、りかいが進むことを「知しきがふかまる」といいます。

きほんのドリル 5。

図書館たんていだん (2)
国語辞典を使おう (1)

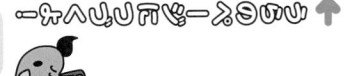

時間 15分 ごうかく80点 ／100

答え 101ページ　サクッとこたえあわせ

月　日

書いておぼえよう!

号（教36ページ）	ゴウ（つき出ない）	記号　番号　号令	5画
調（教36ページ）	チョウ　しらべる	言葉を調べる　調和　調子	15画
使（教38ページ）	シ　つかう	お使い　行使　使用	8画
問（教38ページ）	モン　とい　とん（はねる）	考えを問う　問屋　問題	11画
意（教38ページ）	イ（長く）	意外　用意　注意	13画

部首：号（くち）　調（ごんべん）　使（にんべん）　問（くち）　意（こころ）

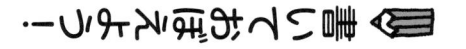

1 読みがなを書きましょう。　20点(一つ4)

① 番号を書く。

② 名前を調べる。

③ 手を使う。

④ やさしい問題。

⑤ 持ち物を用意する。

筆順をたしかめましょう。

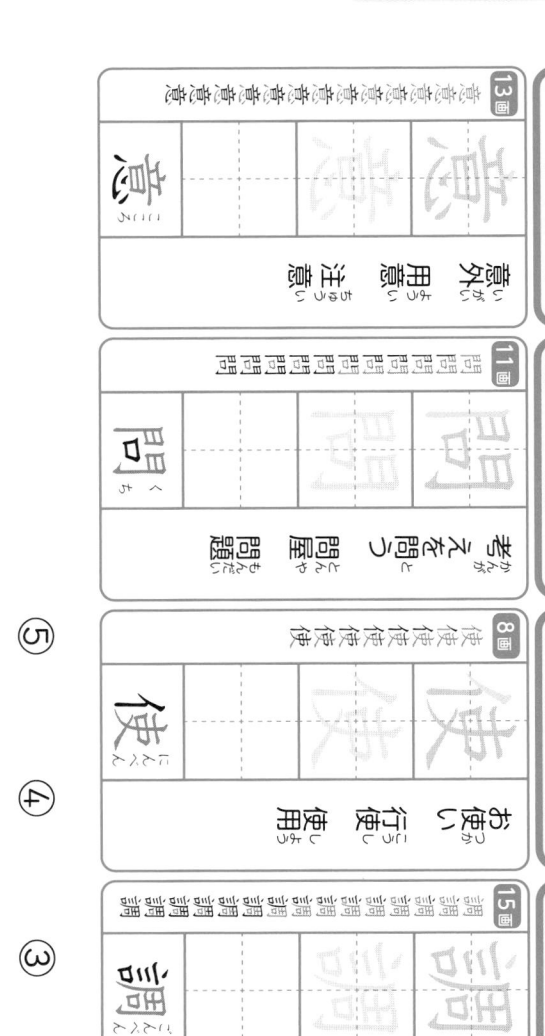

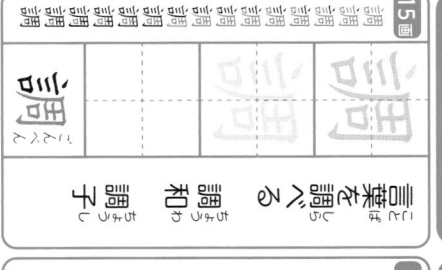

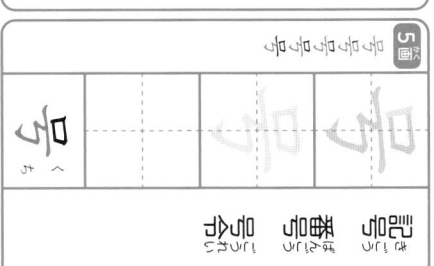

2 あてはまる漢字（かん）を書きましょう。

80点（一つ10）

① 文字のかわりに［きごう］であらわす。

② こん虫について図かんで［しら］べる。

③ 朝から［たいちょう］がわるいので休む。

④ 兄のえんぴつを［つか］う。

⑤ リサイクルした紙を［しよう］したノート。

⑥ ［がくもん］をこころざす。

⑦ テストの［と］いに答える。

⑧ ノートとえんぴつを［ようい］する。

①「ごう」の下の部（ぶ）分の書き方もたしかめましょう。

ヒント ② ⑥「もん」は、同じ読み方をする「門」とまちがえないようにしましょう。

国語辞典(じてん)を使おう (2)

時間 15分
ごうかく80点 ／100
サクッとこたえあわせ
答え 101ページ
月　日

書いておぼえよう！

教 38ページ
味 ミ　あじ　あじわう
8画　味味味味味味味味
味（くちへん）
味見(あじみ)　味(あじ)わう　味方(みかた)　意味(いみ)

教 38ページ
湖 コ　みずうみ　（はねる）
12画　湖湖湖湖湖湖湖湖湖湖湖湖
湖（さんずい）
広(ひろ)い湖(みずうみ)　湖上(こじょう)　湖岸(こがん)

教 38ページ
漢 カン
13画　漢漢漢漢漢漢漢漢漢漢漢漢漢
漢（さんずい）
漢字(かんじ)　漢語(かんご)　悪漢(あっかん)

教 40ページ
由 ユ　ユウ　（出ない）
5画　由由由由由
由（た）
由来(ゆらい)　理由(りゆう)　自由(じゆう)

教 40ページ
温 オン　あたたか　あたたかい　あたたまる　あたためる　（長く）
12画　温温温温温温温温温温温温
温（さんずい）
温(あたた)か　温(あたた)かい　温(あたた)まる　気温(きおん)

1 読みがなを書きましょう。
20点（一つ4）

① みんなの 味方 。（　　）
② 湖 のそばの家。（　　）
③ 漢字 を書く。（　　）
④ 自由 に走る。（　　）
⑤ 温 かいスープ。（　　）

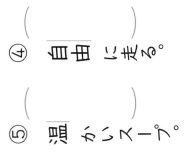

送(おく)りがなもいっしょにおぼえましょう。

うらのページにつづくよ！

2 あてはまる漢字を書きましょう。

80点（一つ10）

① とれたての野（や）さいを［あじ］わう。

② 辞書で［い｜み］を調べる。

③ ［みずうみ］にボートがうかんでいる。

④ ノートに正しい［かん｜じ］を書く。

⑤ しゅうごう時間におくれた［り｜ゆう］を話す。

⑥ みんなに［あたた］かいごはんをふるまう。

⑦ こたつに入って［あたた］まる。

⑧ お昼をすぎて［き｜おん］が上がってきた。

②「み」には、「あじわう」のほかに「あじ」の読みがあるよ。

ヒント 2 ⑧「きおん」は、「くうき」の「おんど」のことです。

きほんのドリル 7。

国語辞典(じてん)を使おう (3)

時間 15分　ごうかく80点　/100

答え 101ページ　サクッとこたえあわせ

月　日

書いておぼえよう！

酒（教40ページ）	シュ／さけ・さか	10画	あま酒(ざけ)　酒屋(さかや)　飲酒(いんしゅ)　洋酒(ようしゅ)	酉（ひよみのとり）
題（教40ページ）	ダイ（長く）	18画	本(ほん)の題名(だいめい)　問題(もんだい)　話題(わだい)	頁（おおがい）
発（教40ページ）	ハツ（はねる）	9画	発音(はつおん)　発行(はっこう)　開発(かいはつ)	癶（はつがしら）
章（教40ページ）	ショウ（長く）	11画	文章(ぶんしょう)　記章(きしょう)　楽章(がくしょう)	立（たつ）
平（教40ページ）	ヘイ・ビョウ／たいら・ひら（まん中）	5画	平(たい)ら　平(ひら)たい面(めん)　平面(へいめん)　平等(びょうどう)	干（いちじゅうかん）

読んでおぼえよう！

●…読み方が新しい漢字　||…送(おく)りがな

- 売（教40ページ）　バイ／う**る**・う**れる**
- 形（教40ページ）　ケイ・ギョウ／かたち

1 読みがなを書きましょう。　20点（一つ4）

① あま酒を作る。（　）
② 問題をとく。（　）
③ 発音に気をつける。（　）
④ 文章を書く。（　）
⑤ 平気な顔。（　）

うらのページにつづくよ！

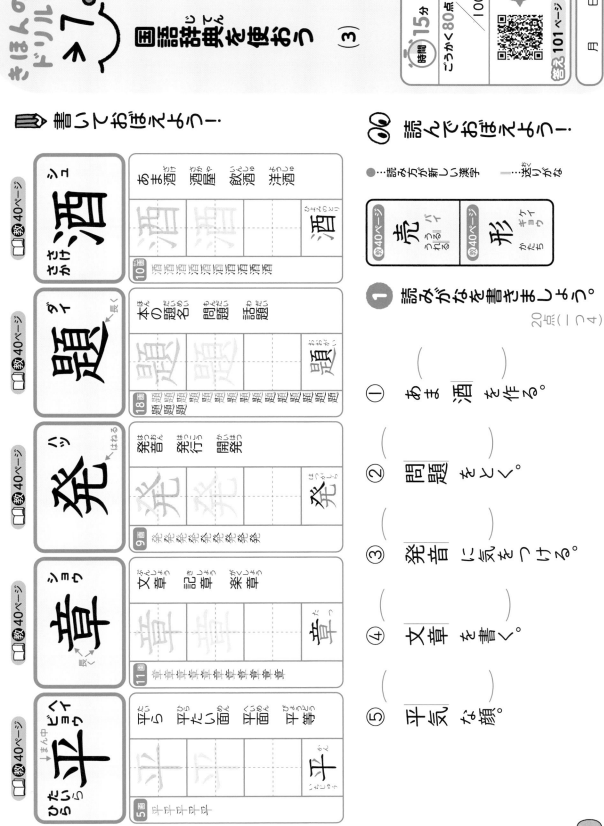

2 あてはまる漢字を書きましょう。

80点（一つ10）

①神様（かみ）にお［さけ］をおそなえする。

②本の［だいめい］を友だちに教える。

③［はつおん］の練習（れん）。

④新しく［はつばい］されたゲームを買う。

⑤妹といっしょに［にんぎょう］の家を作る。

⑥教科書の［ぶんしょう］をよく読む。

⑦かがみのように［たい］らな水面の湖。

⑧［へいめん］にかかれた点をむすぶ。

②「だいめい」は、「作ひんのなまえ」のことだよ。

ヒント 2 ⑦「たいら」は、でこぼこがなく、なめらかである様子のことです。

きほんのドリル 8。

もっと知りたい、友だちのこと きちんとつたえるために (1)

時間 15分
ごうかく80点 /100
サクッとこたえあわせ
答え 101ページ
月 日

書いておぼえよう！

教 44ページ
決 ケツ／きめる・きまる
決める　決め手　決まり　決意
7画 さんずい

教 45ページ
事 ジ／こと
仕事　物事　火事　事物
8画 はねぼう

教 47ページ
落 ラク／おちる・おとす
落ちる　落とす　落葉
12画 くさかんむり

教 48ページ
相 ソウ／あい
相手　相当　真相　相談
9画 め

教 48ページ
洋 ヨウ
洋食　海洋　洋楽
9画 さんずい

読んでおぼえよう！

●…読み方が新しい漢字

教46ページ
心 シン／こころ

1 読みがなを書きましょう。 20点(一つ4)

① やり方を決める。
② きのうの出来事。
③ さいふを落とす。
④ 相手をえらぶ。
⑤ 赤い洋ふくの女の子。

うらのページにつづくよ！

2 あてはまる漢字を書きましょう。

80点（一つ10）

① 夏休みの旅行の行き先が［き］まる。

② ［だいじ］な話をしよう。

③ 今日の［できごと］を日記に書く。

④ 物語の［ちゅうしん］人物。

⑤ きのうの夜の風で木（こ）の葉がぜんぶ［お］ちてしまった。

⑥ ［らっか］物に気をつけて進む。

⑦ 弟の話に［あい］づちをうつ。

⑧ ［よう］食（しょく）のおいしいレストラン。

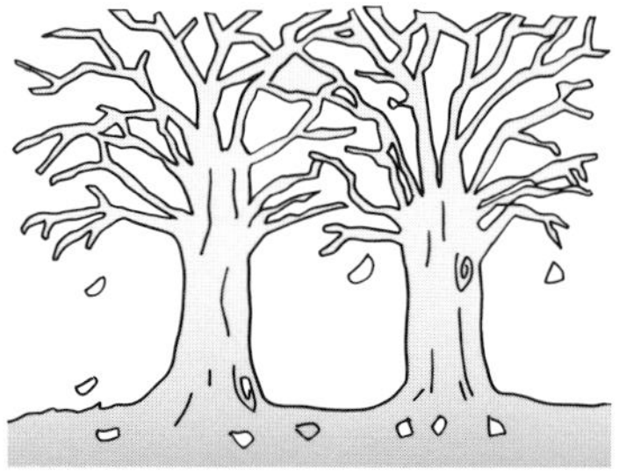

⑦「あいづちをうつ」は「人の話に、調子（し）を合わせる」という意味だよ。

ヒント 2 ⑧「よう食」とは、「ようふう」の「たべもの」という意味です。

きほんのドリル 9。

きちんとつたえるために（2）　漢字の音（おん）と訓（くん）（1）

時間 15分　ごうかく80点　／100

サクッとこたえあわせ　答え 101ページ

月　日

書いておぼえよう！

教 48ページ　服（フク）はねる　8画　服服服服服服服服
服（ふく）を着（き）る　洋服（ようふく）　衣服（いふく）　服（つきへん）

教 50ページ　次（ジ・つぐ・つぎ）はらう　6画　次次次次次次
次（つ）いで　次（つぎ）の文（ぶん）　次回（じかい）　目次（もくじ）　次（あくび・かける）

教 51ページ　所（ショ・ところ）　8画　所所所所所所所所
台所（だいどころ）　住（す）む所（ところ）　住所（じゅうしょ）　場所（ばしょ）　所（と）

教 51ページ　県（ケン）とめる　9画　県県県県県県県県県
山口県（やまぐちけん）　県立（けんりつ）　県民（けんみん）　県道（けんどう）　県（め）

教 51ページ　有（ユウ・ある）はねる　6画　有有有有有有
有（あ）る　有（あ）り金（がね）　有名（ゆうめい）　有（つき）

読んでおぼえよう！

●…読み方が新しい漢字　‖…送（おく）りがな
●…とくべつな読み方をする漢字

教50ページ　朝（チョウ・あさ）	教50ページ　早（ソウ・はや‖い・はや‖まる・はや‖める）	教49ページ　お母（かあ）さん
教50ページ　食（ショク・く‖う・た‖べる）	教51ページ　道（ドウ・みち）	

1 読みがなを書きましょう。　20点（一つ4）

① 服（　）そうを整（ととの）える。

② 次（　）の本を読む。

③ 店の場所（　）。

④ 県道（　）を通る。

⑤ 有名（　）なお店。

← うらのページにつづくよ！

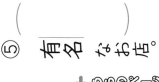

教科書 上 44～51ページ

2 あてはまる漢字を書きましょう。

80点（一つ10）

① ころもがえで［なつふく］にかわる。

② 動きやすい［ようふく］をえらぶ。

③ リレーのバトンを［つぎ］の人にわたす。

④ ［ちょうしょく］に、パンとミルクを用意する。

⑤ この前に行った［ところ］は、とてもうつくしかった。

⑥ 山口［けん］について学習する。

⑦ 山登りに行くため、［そうちょう］に家を出発（しゅっ）する。

⑧ 母は［ゆうめい］な詩人だ。

ヒント 2
③「つぎ」の左がわを「氵」にしないように注意（ちゅうい）しましょう。
⑥日本に「けん」は四十三「けん」あるのでおぼえましょう。

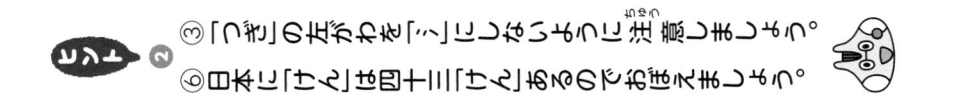

きほんのドリル 10。

漢字の音と訓 (2)

時間 15分　ごうかく80点　／100

答え 101ページ

サクッとこたえあわせ

月　日

書いておぼえよう！

教51ページ
氷　ヒョウ　こおり
（あける）
氷水（こおりみず）　かき氷（ごおり）　氷山（ひょうざん）
5画　氷氷氷氷氷
氷（みず）

教51ページ
秒　ビョウ
（←長く）
六十秒（ろくじゅうびょう）　秒速（びょうそく）　毎秒（まいびょう）
9画　秒秒秒秒秒秒秒秒秒
秒（のぎへん）

教51ページ
農　ノウ
農家（のうか）　農業（のうぎょう）　農地（のうち）　農村（のうそん）
13画　農農農農農農農農農農農農農
農（しんのたつ）

教51ページ
仕　シ　つかえる
（みじかく）
仕える（つかえる）　仕事（しごと）　出仕（しゅっし）
5画　仕仕仕仕仕
仕（にんべん）

教51ページ
球　キュウ　たま
（わすれない↓）
ゴルフの球（たま）　電球（でんきゅう）　地球（ちきゅう）
11画　球球球球球球球球球球球
球（おうへん・たまへん）

読んでおぼえよう！

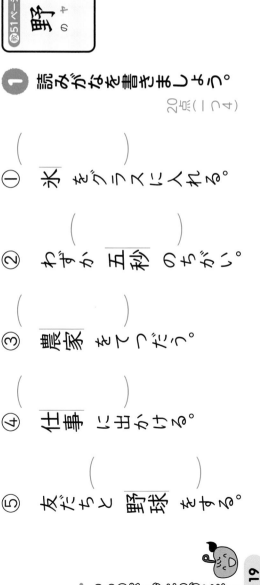

●…読み方が新しい漢字　＝…送りがな

教51ページ　**光**　コウ　ひかり　ひかる

教51ページ　**分**　ブン　フン　わける　わかれる　わかる　わかつ

教51ページ　**野**　ヤ　の

1 読みがなを書きましょう。　20点（一つ4）

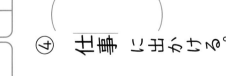

① 氷（　　）をグラスに入れる。

② わずか　五秒（　　）のちがい。

③ 農家（　　）をてつだう。

④ 仕事（　　）に出かける。

⑤ 友だちと　野球（　　）をする。

うらのページにつづくよ！

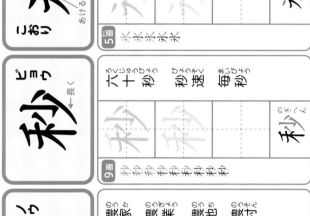

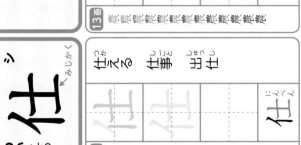

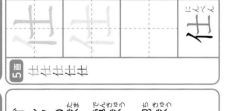

教科書 上50～51ページ

2 あてはまる漢字を書きましょう。

80点（一つ10）

① 夏にかき［　　］（ごおり）を食べる。

② ［　　］（にっこう）をあびて草がそだつ。

③ たった［　　］（いっぷん）のちがいで二位（い）になった。

④ あと三十［　］（びょう）で新年になる。

⑤ とれたばかりの［　　　］（のうさくぶつ）を売る。

⑥ 車の［　　］（しく）みを調べる。

⑦ 天気がよいので外で［　　］（やきゅう）をする。

⑧ インターネットで［　　］（ちきゅう）のなり立ちを調べる。

④「びょう」は「秋」という漢字と形がにているね。

ヒント ２⑤「のうぎょう」で「つくった」「もの」という漢字の組み立てです。

きほんのドリル 11。 漢字の音と訓 文様 (3)

時間 15分　ごうかく80点　/100

答え 101ページ　サクッとこたえあわせ

月　日

書いておぼえよう！

教51ページ
局 キョク
7画 局局局局局局局
局（しかばね）
薬局（やっきょく）　放送局（ほうそうきょく）　ゆうびん局（きょく）

教53ページ
全 ゼン　まったく　すべて
6画 全全全全全全
全（いる）
全く（まったく）　全て（すべて）　全然（ぜんぜん）　全体（ぜんたい）

教53ページ
遊 ユウ　あそぶ
はねる
12画 遊遊遊遊遊遊遊遊遊遊遊遊
遊（しんにょう・しんにゅう）
外（そと）で遊ぶ（あそぶ）　遊園地（ゆうえんち）

教55ページ
表 ヒョウ　おもて　あらわす　あらわれる
長く
8画 表表表表表表表表
表（ころも）
表とうら（おもて）　表す（あらわす）　表面（ひょうめん）

読んでおぼえよう！

●…読み方が新しい漢字　＝…送りがな

教53ページ
見 ケン　みる　みえる　みせる

1 読みがなを書きましょう。
20点（一つ4）

① ゆうびん局（　）の人。
② 体　全体（　）を動かす。
③ 川で遊（　）ぶ。
④ 意味を表（　）す。
⑤ 動物を発見（　）する。

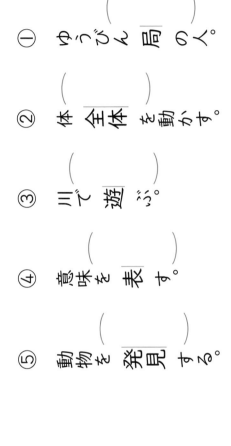

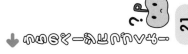

「辶」は三画で書きます。

うらのページにつづくよ！

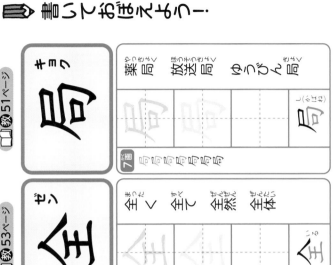

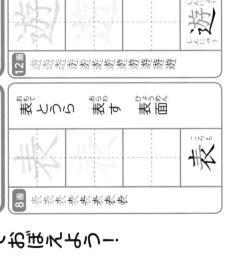

2 あてはまる漢字を書きましょう。

80点（一つ10）

① 切手を買うためにゆうびん［　］（きょく）へ行く。

② ［　　］（ぜんたい）のバランスを整（ととの）える。

③ ［　］（まった）くせいかくがことなる親子。

④ 友だちとボールで［　］（あそ）ぶ。

⑤ 休みの日に［　　　］（ゆうえんち）に行った。

⑥ その時の気持ちを詩に書き［　］（あらわ）す。

⑥「あらわす」は、送りがなにも気をつけて。

⑦ 月の［　　］（ひょうめん）の写真（しゃしん）を見せてもらう。

⑧ 新しいしゅるいの虫を［　　］（はっけん）する。

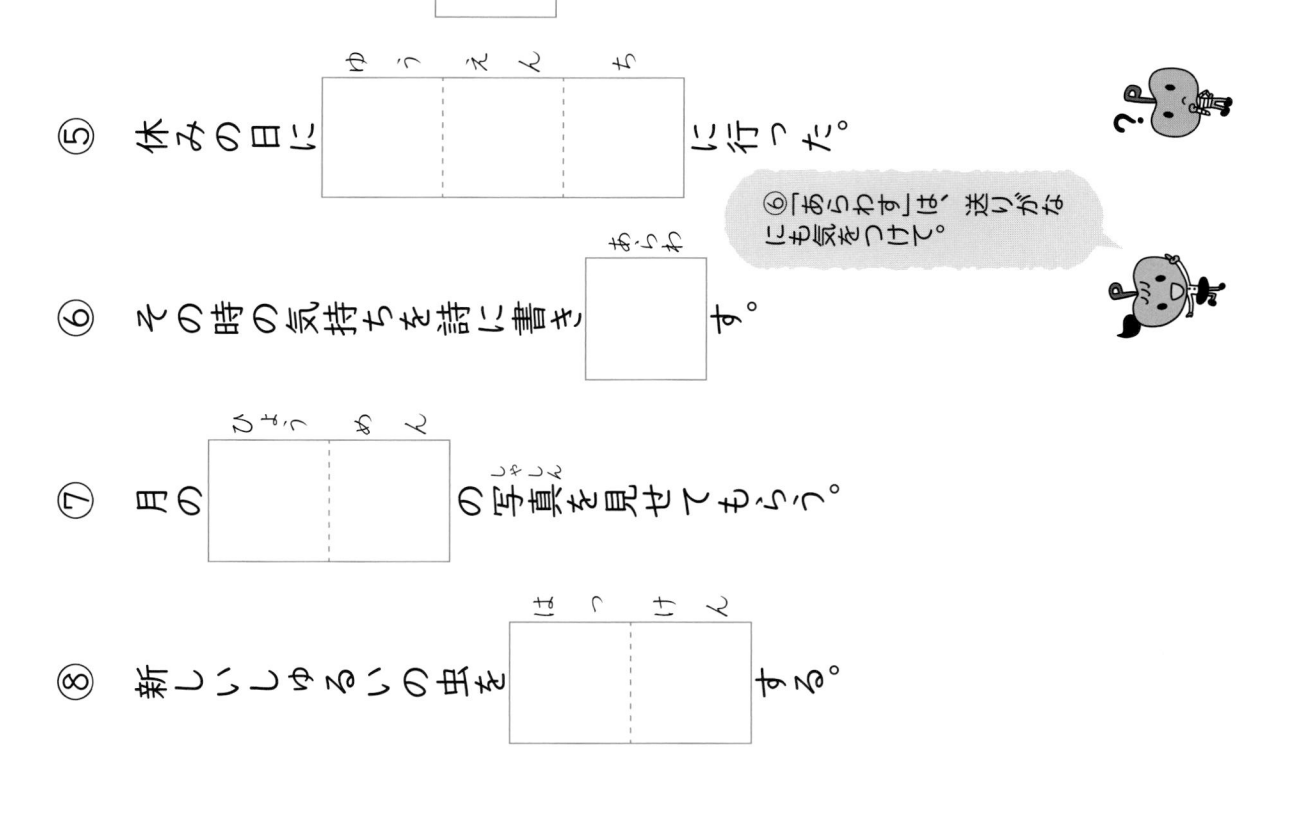

ヒント ２②③「金」と形がにているので気をつけましょう。

まとめのドリル 12 どきん ～ 文様

時間 15分
ごうかく80点　／100

サクッとこたえあわせ
答え 102ページ

月　日

1 漢字の読みがなを書きましょう。　52点（一つ4）

① 子どもにやさしい 言葉（　　） をかける。

② たまごを 使用（　　） しておかしを作る。

③ 相手（　　） の心を思いやる。

④ 水ぞく 館（　　） で友だちと会う。

⑤ めずらしい本を 所有（　　） する。

⑥ 調（　　） べたことを 発表（　　） する。

⑦ 農作物（　　） のどろを 落（　　） とす。

⑧ 今日（　　） は 温（　　） かい飲(の)み物がほしい。

⑨ 早朝（　　） に 野球（　　） の練(れん)習をする。

教科書 上16～55ページ

うらのページにつづくよ！

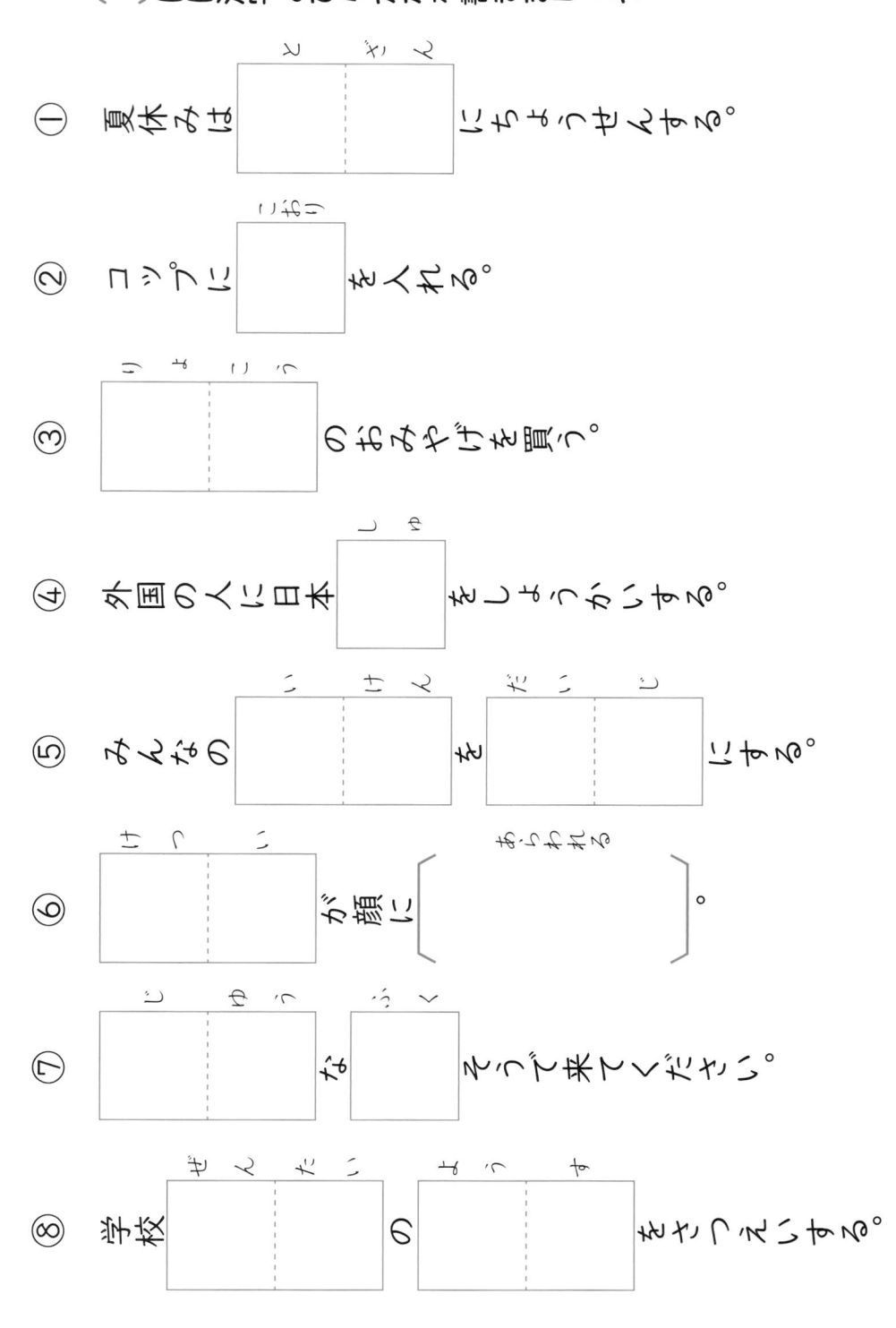

2 あてはまる漢字を書きましょう。
〔　〕には漢字とひらがなを書きましょう。

48点（一つ4）

① 夏休みは［とざん］にちょうせんする。

② コップに［こおり］を入れる。

③ ［りょこう］のおみやげを買う。

④ 外国の人に日本［しゅ］をしょうかいする。

⑤ みんなの［いけん］を［だいじ］にする。

⑥ ［けつい］が顔に〔あらわれる〕。

⑦ ［じゆう］な［ふく］そうで来てください。

⑧ 学校［ぜんたい］の［ようす］をさつえいする。

きほんのドリル 13。

こまを楽しむ (1)

時間 15分　ごうかく80点　/100

答え 102ページ　サクッとこたえあわせ

月　日

書いておぼえよう！

教56ページ
昔 むかし
8画　昔昔昔昔昔昔昔昔
昔話（むかしばなし）　昔の地図（むかしのちず）
昔（ひ）

教56ページ
世 セイ　セ　よ
5画　世世世世世
世の中（よのなか）　永世（えいせい）　世界（せかい）　世話（せわ）
世（いち）

教56ページ
界 カイ
9画　界界界界界界界界界
世界中（せかいじゅう）　限界（げんかい）　境界（きょうかい）
界（た）

教57ページ
速 ソク　はやい　はやめる　はやまる
10画　速速速速速速速速速速
足が速い（あしがはやい）　速める（はやめる）　時速（じそく）
速（しんにょう　しんにゅう）

教57ページ
横 オウ　よこ
15画　横横横横横横横横横横横横横横横
横線（よこせん）　横切る（よこぎる）　横転（おうてん）　横行（おうこう）
横（きへん）

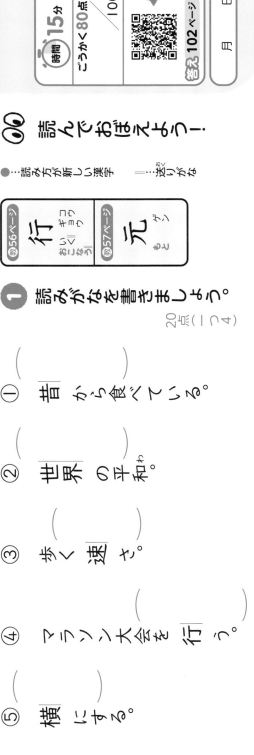

読んでおぼえよう！

●…読み方が新しい漢字　＝…送りがな

教56ページ　行　コウ　ギョウ　い(く)　おこな(う)
教57ページ　元　ゲン　もと

1 読みがなを書きましょう。 20点（一つ4）

① 昔（　　）から食べている。

② 世界（　　）の平和。

③ 歩く速（　　）さ。

④ マラソン大会を行（　　）う。

⑤ 横（　　）にする。

← うらのページにつづくよ！

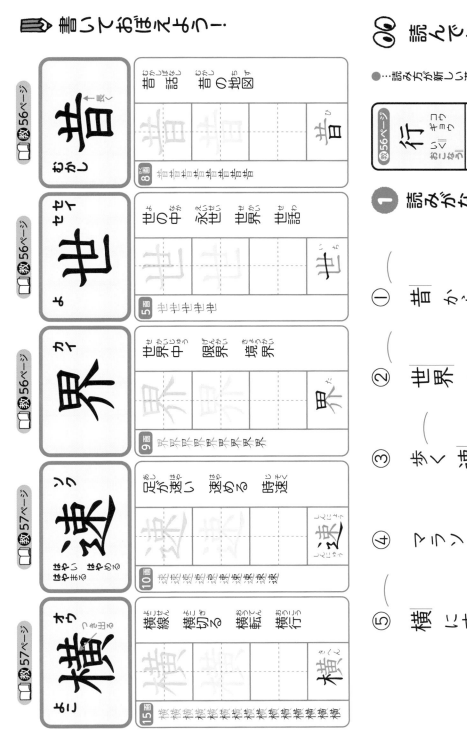

2 あてはまる漢字を書きましょう。

80点（一つ10）

① 目をとじて［むかし］をなつかしむ。

② 会場には［せかい］中の食べ物があつまった。

③ ことわざの［もと］になった言葉の意味を知る。

④ 時間がないので足を［はや］めて歩く。

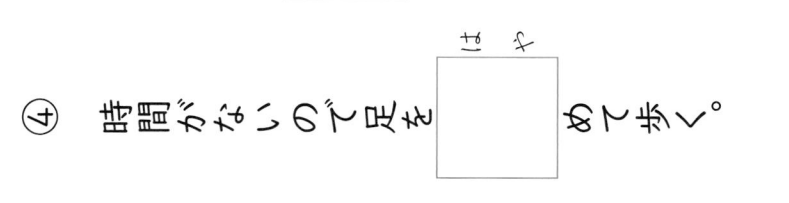

⑤ 電車が［じそく］六十キロメートルで走る。

⑥ うまく動くかどうかテストを［おこな］う。

⑦ しつもんをした人のつくえの［よこ］に立って教える。

⑧ ［おう］だん歩(ほ)道をわたる。

⑥「おこなう」は、送りがなにも注(ちゅう)意しよう。

ヒント 2

②「せ」の漢字はひらがなの「せ」の字にもにています。 ④「はやめる」には、ほかに「早い」があります。ちがいをたしかめて、正しく使い分けましょう。

こまを楽しむ (2)

時間 15分　ごうかく 80点　/100

サクッとこたえあわせ　答え 102ページ

月　日

書いておぼえよう！

指（教58ページ）
シ　ゆび　さす
はねる
9画　指指指指指指指指指
指（てへん）
親指（おやゆび）　指先（ゆびさき）　指す（さす）　指定（してい）

鉄（教59ページ）
テツ
出る
13画　鉄鉄鉄鉄鉄鉄鉄鉄鉄鉄鉄鉄鉄
鉄（かねへん）
強い鉄（つよいてつ）　鉄橋（てっきょう）　鉄道（てつどう）

安（教59ページ）
アン　やすい
出る
6画　安安安安安安
安（うかんむり）
安物（やすもの）　安心（あんしん）　安全（あんぜん）

定（教59ページ）
テイ　ジョウ　さだめる　さだまる
8画　定定定定定定定定
定（うかんむり）
定める（さだめる）　定まる（さだまる）　一定（いってい）　定規（じょうぎ）

読んでおぼえよう！

●…とくべつな読み方をする漢字

上手（じょうず）（教59ページ）

1 読みがなを書きましょう。

20点（一つ4）

① 指（　）でつまむ。
② 鉄（　）のやかん。
③ 安定（　）した生活。
④ ねらいを定（　）める。
⑤ 上手（　）な歌声。

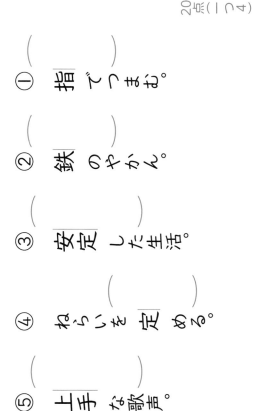

ていねいに書きましょう。

うらのページにつづくよ！

教科書 上56～64ページ

2 あてはまる漢字を書きましょう。

80点（一つ10）

① 次に発表する人を［しめい］する。

② 駅（えき）の方を［ゆび］さす。

③ 子どもたちが公園の［てつ］ぼうで遊んでいる。

④ 手紙を出して母を［あんしん］させる。

⑤ 気持ちが［あんてい］している。

⑥ 売れのこったものを［やす］いねだんで売る。

⑦ 温度（ど）を［いってい］にする。

⑧ ねんどを使って［じょうず］に形を作る。

⑧「じょうず」は、とくべつな読み方だよ！

ヒント ２ ③金ぞくにかん係（けい）するものには「かねへん」がつきます。

きほんのドリル 15。

気持ちをこめて、「来てください」

時間 15分
ごうかく80点 / 100
サクッとこたえあわせ
答え 102ページ
月　日

書いておぼえよう！

教66ページ
運 ウン はこぶ 12画
運運運運運運運運運運運運
物を運ぶ　運送　運動会
しんにょう（しんにゅう）

教67ページ
予 ヨ 小さく→ 4画
予予予予
予定　予約　予算　予行
はねぼう

教69ページ
送 ソウ おくる 9画
送送送送送送送送送
手紙を送る　送りがな　運送
しんにょう（しんにゅう）

教69ページ
住 ジュウ すむ すまう あける 7画
住住住住住住住
町に住む　住まい　住所
にんべん

読んでおぼえよう！

●…読み方が新しい漢字　＝…送りがな
●…とくべつな読み方をする漢字

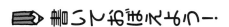

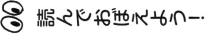

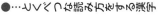

教67ページ 走 ソウ はしる
教68ページ 通 ツウ とおる とおす かよう
教67ページ 一日 ついたち

教科書 上 66〜69ページ

1 読みがなを書きましょう。
28点（一つ4）

① 運動会が始まる。
② 予定を立てる。
③ 百メートル走の記ろく。
④ 一月一日の天気。
⑤ 学校に通う。
⑥ 手紙を送る。
⑦ 住所を書く。

← うらのページにつづくよ！

2 あてはまる漢字を書きましょう。

80点（一つ10）

① □□□（うんどうかい）でダンスをおどる。

② 八十メートル□（そう）に出る。

③ 一月□（ついたち）はお正月だ。

④ 明日（あす）の□□（よてい）をたずねる。

⑤ 家からバスで□（かよ）う。

⑥ 転校（てんこう）した友達（ともだち）に手紙を□（おく）る。

⑦ 新しくできたアパートの□□（じゅうにん）。

⑧ 海の近くに□（す）む人たちの物語。

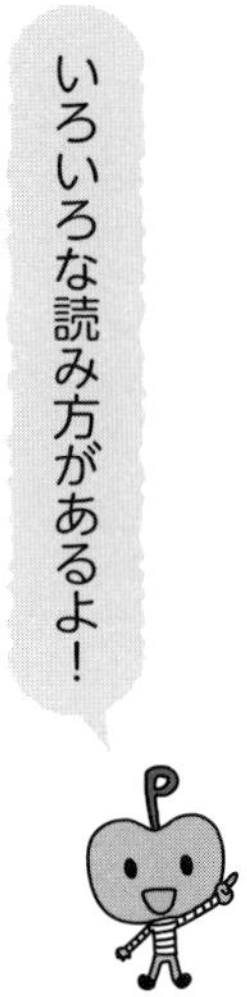

ヒント ２ ①「うん」⑤⑥は、同じ「辶」の漢字です。

きほんのドリル 16.

まいごのかぎ (1)

時間 15分
ごうかく80点 /100
答え 102ページ
月　日

書いておぼえよう！

教73ページ
具 グ（とめる）
8画　具具具具具具具具
道具（どうぐ）　家具（かぐ）　雨具（あまぐ）　具体的（ぐたいてき）
具（は）

教74ページ
拾 ひろう（はねる）
9画　拾拾拾拾拾拾拾拾拾
かぎを拾う（ひろう）　拾い物（ひろいもの）　命拾い（いのちびろい）
拾（てへん）

教74ページ
向 コウ　むく　むける　むかう　むこう（はねる）
6画　向向向向向向
上向く（うわむく）　向ける（むける）　方向（ほうこう）
向（くち）

教74ページ
坂 さか（ななめ）
7画　坂坂坂坂坂坂坂
ゆるい坂道（さかみち）　上り坂（のぼりざか）
坂（つちへん）

教76ページ
悲 ヒ　かなしい　かなしむ
12画　悲悲悲悲悲悲悲悲悲悲悲悲
悲しい話（かなしいはなし）　悲しむ（かなしむ）　悲鳴（ひめい）
悲（こころ）

読んでおぼえよう！

●…読み方が新しい漢字　‖…送りがな

教75ページ　金　キン　コン　かね　かな
教75ページ　円　エン　まる‖い
教76ページ　鳴　メイ　な‖く　な‖る　なら‖す

1 読みがなを書きましょう。　20点（一つ4）

① 絵の具をまぜる。（　　）
② 石を拾い上げる。（　　）
③ 北へ向かう。（　　）
④ 坂をかけおりる。（　　）
⑤ 悲鳴を上げる。（　　）

← うらのページにつづくよ！

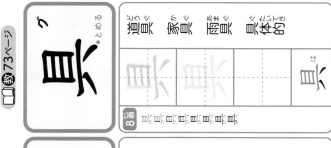

2 あてはまる漢字を書きましょう。

80点（一つ10）

① 新しい［どうぐ］を使いこなす。

② かべに［かなぐ］で絵をとりつける。

③ ボランティアで道に落ちているびんを［ひろ］う。

④ 学校に［む］かって歩く。

⑤ ［さかみち］の上にある家。

⑥ ［かな］しい物語を読む。

⑦ 虫を見て［ひめい］を上げる。

⑧ ［まる］い形のまどがある家。

⑤「さかみち」は「さか」になっている「みち」のことだよ。

ヒント ２ ⑦「ひめい」はおどろいたときや、いたいときなどに出すさけび声のことです。

きほんのドリル 17。

まいごのかぎ (2)

時間 15分　ごうかく80点　/100

サクッとこたえあわせ　答え 102ページ

月　日

書いておぼえよう！

教 77ページ
緑　リョク　みどり
14画
緑（みどり）の色（いろ）　緑（みどり）の葉（は）　緑茶（りょくちゃ）
いとへん

教 80ページ
開　カイ　ひらく　ひらける　あく　あける
12画
開（ひら）く　開（あ）く　開（あ）ける　開店（かいてん）
もんがまえ

教 82ページ
岸　ガン　きし
8画
川岸（かわぎし）　向（む）こう岸（ぎし）　海岸（かいがん）　対岸（たいがん）
やま

教 86ページ
路　ロ　じ
13画
旅路（たびじ）　山路（やまじ）　道路（どうろ）　路上（ろじょう）
あしへん

教 88ページ
感　カン
13画
感心（かんしん）　感動（かんどう）
こころ

読んでおぼえよう！

●…読み方が新しい漢字　＝…送りがな

教 80ページ　歩　ホ　ある‖く
教 81ページ　羽　は　はね
教 82ページ　海　カイ　うみ

1 読みがなを書きましょう。
20点（一つ4）

① 緑（　　）の葉っぱ。
② 店を開（　　）く。
③ 海岸（　　）を歩く。
④ バスの路線（　　）。
⑤ やさしさを感（　　）じる。

うらのページにつづくよ！

教科書 上 71〜90ページ

② あてはまる漢字を書きましょう。

80点（一つ10）

① 子どもべやのかべを［　　（みどりいろ）］にぬる。

② 横だん［　　（ほどう）］をわたる。

③ パーティーを［　（ひら）］く。

④ 新そう［　　（かいてん）］したスーパーマーケットに行く。

⑤ 魚をつんだ船が［　（がん）］ぺきに着く。

⑥ ［　　（どうろ）］を横切る。

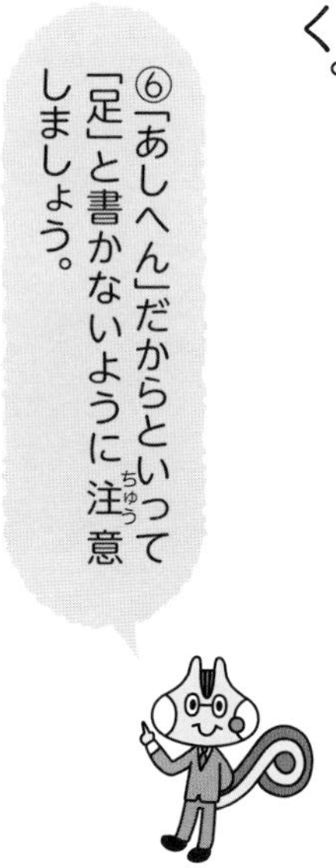

⑥「あしへん」だからといって「足」と書かないように注意しましょう。

⑦ 本を読んで［　　（かんどう）］したことを作文に書く。

⑧ 鳥たちがいっせいに［　（は）］ばたく。

ヒント ② ⑤「がんぺき」は船を横づけするためのかべのことです。

きほんのドリル 18。

まいごのかぎ 俳句を楽しもう (3)

時間 15分　ごうかく80点　/100

答え 102ページ

月　日

書いておぼえよう！

対（教89ページ）	タイ	7画	対話　反対
区（教91ページ）	ク	4画	地区　区役所　区分
陽（教92ページ）	ヨウ	12画	太陽　陽気　陽光
整（教93ページ）	セイ　ととのえる　ととのう	16画	整える　整う　整理　整数
部（教93ページ）	ブ	11画	部分　全部　部首

読んでおぼえよう！

●…読み方が新しい漢字　＝…送りがな

子（教91ページ）　シ　ス　こ	太（教92ページ）　タイ　ふと（い）　ふと（る）
東（教92ページ）　トウ　ひがし	歌（教93ページ）　カ　うた　うた（う）

1 読みがなを書きましょう。 20点（一つ4）

① 対話を大切にする。（　）

② 文を区切って読む。（　）

③ 太陽がしずむ。（　）

④ 本を整理する。（　）

⑤ 部分にこだわる。（　）

うらのページにつづくよ！

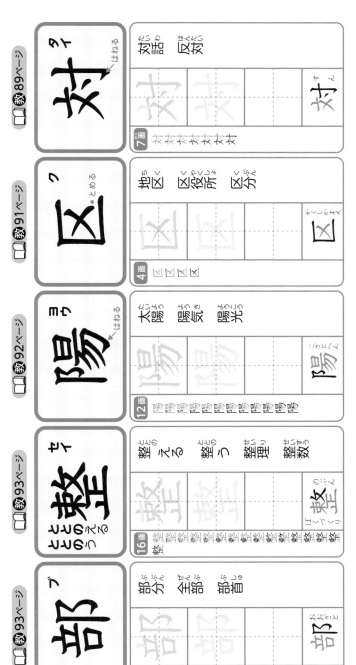

❷ あてはまる漢字を書きましょう。

80点（一つ10）

①　ライバルと［たいけつ］する。

②　よくねたので、体の［ちょうし］がいい。

③　みんなで［ちく］のお祭（まつ）りに行く。

④　［ひがし］の空に［たいよう］がのぼるのを見た。

⑤　家を出る前に服そうを［ととの］える。

⑥　ごはんをのこさず［ぜんぶ］食べる。

⑦　みんなの前で［こうか］をピアノでひく。

①「たいけつ」は、りょう者（しゃ）が物事のけっ着をつけるという意味だよ。

ヒント ❷
②「ちょうし」は、「ぐあい」の意味。ほかに、「言葉のふし」や「いきおい」などの意味もあります。
⑤「せい」の字は画数が多いので、筆順（ひつじゅん）をたしかめながら書きましょう。

きほんのドリル 19。

こそあど言葉を使いこなそう
引用するとき

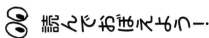

時間 15分　ごうかく80点　／100

サクッとこたえあわせ　答え 102ページ

月　日

書いておぼえよう！

泳（教95ページ）　エイ　およぐ（まげる）
海で泳ぐ（うみ・およ）　平泳ぎ（ひらおよ）　水泳（すいえい）
8画　さんずい
泳泳泳泳泳泳泳泳

練（教95ページ）　レン　ねる（とめる）
考えを練る（かんが・ね）　練習（れんしゅう）
14画　いとへん
練練練練練練練練練練練練練練

助（教95ページ）　ジョ　たすける　たすかる（ななめ）
人助け（ひとだす）　助かる（たす）　助言（じょげん）
7画　ちから
助助助助助助助

童（教95ページ）　ドウ（長く）
童話（どうわ）　学童（がくどう）　童心（どうしん）
12画　た（つ）
童童童童童童童童童童童童

申（教95ページ）　もうす（まん中に）
申す（もう）　申しこむ（もう）　申し上げる（もう・あ）
5画　た
申申申申申

読んでおぼえよう！

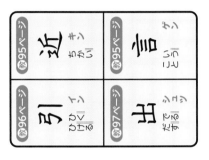

●…読み方が新しい漢字　＝…送りがな

近（教95ページ）キン　ちかい	引（教96ページ）イン　ひく　ひける
言（教95ページ）ゲン　いう　こと	出（教97ページ）シュツ　でる　だす

1 読みがなを書きましょう。　20点（一つ4）

① 川で泳ぐ。（　　）

② 練習にはげむ。（　　）

③ 助言を聞く。（　　）

④ 童話を読む。（　　）

⑤ 入会を申しこむ。（にゅう）（　　）

うらのページにつづくよ！

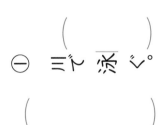

② あてはまる漢字を書きましょう。

80点（一つ8）

①　［きんじょ］のプールで［およ］ぐ。

②　朝早くからサッカーの［れんしゅう］をする。

③　先生に［じょげん］をもらい、考えを［ね］る。

④　友だちに［たす］けてもらった。

⑤　［がくどう］の安全を見まもる。

⑥　ダンススクールの［もう］しこみ用紙に名前を書く。

⑦　［いんよう］した文章を読む。

⑧　朝の早い時間に家を［しゅっぱつ］する。

ヒント　②③「じょげん」は「口ぞえしてたすける」という意味です。

きほんのドリル 20。

仕事のくふう、見つけたよ 符号(ふごう)など (1)

時間 15分　ごうかく80点　／100

答え 102ページ

サクッとこたえあわせ

月　日

書いておぼえよう！

品 教100ページ　ヒン　しな　（大きく）
9画　品品品品品品品品品
品物(しなもの)　手品(てじな)　作品(さくひん)　上品(じょうひん)
品（くち）

商 教100ページ　ショウ　（はねる）
11画　商商商商商商商商商商商
商売(しょうばい)　商業(しょうぎょう)　商品(しょうひん)
商（くち）

客 教101ページ　キャク
9画　客客客客客客客客客
お客(きゃく)さん　来客(らいきゃく)　客間(きゃくま)
客（うかんむり）

式 教103ページ　シキ　（ななめ）
6画　式式式式式式
計算式(けいさんしき)　形式(けいしき)　正式(せいしき)　入学式(にゅうがくしき)
式（しきがまえ）

1 読みがなを書きましょう。 20点（一つ4）

① 記ねんの　作品。
② 新しい　商売　をする。
③ お　客　様と話す。
④ 点の　合計　を出す。
⑤ 入学式　のじゅんび。

読んでおぼえよう！

●…読み方が新しい漢字　＝…送りがな
●…とくべつな読み方をする漢字

教102ページ 合 ゴウ ガッ あう あわす あわせる	教103ページ 読 ドク トウ よむ	教103ページ 入 ニュウ いる いれる はいる	教98ページ 大人 おとな

教科書 上98～103ページ

← うらのページにつづくよ！

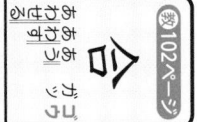

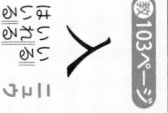

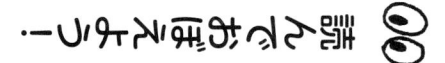

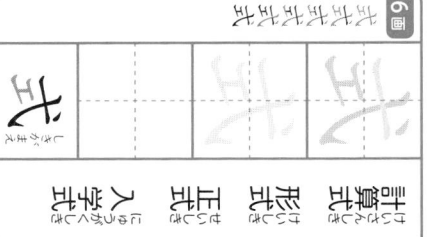

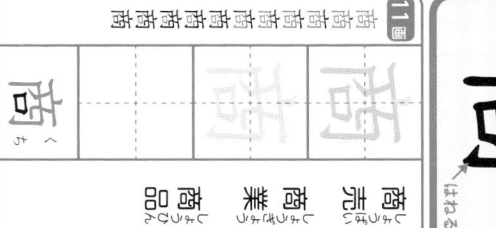

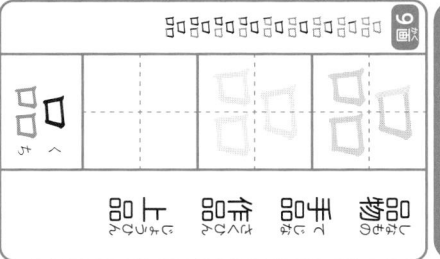

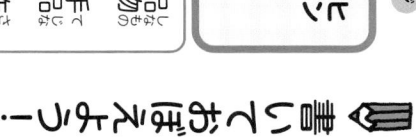

2 あてはまる漢字を書きましょう。

80点（一つ10）

① 人気の［しょうひん］をあつめてたなにならべる。

② すきな［しなもの］を用意する。

③ ［しょうばい］はんじょうをねがって、おまいりする。

④ お［きゃく］様の注（ちゅう）文に合わせたメニューを考える。

⑤ 午前中に［らいきゃく］があった。

⑥ 文に［とうてん］をうって、わかりやすくする。

⑦ 小学校の［にゅうがくしき］に出る。

⑧ ［おとな］向けのむずかしい本を読む。

⑧「おとな」は、とくべつな読み方だよ！

ヒント 2

①「ひん」②「しな」の「口」のならべ方に注（ちゅう）意しましょう。

③「しょうばいはんじょう」とは、「ものがよくうれてもうかること」です。

きほんのドリル 21。 符号(ふ)など (2)

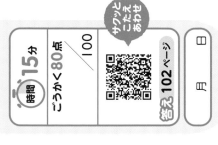

時間15分　ごうかく80点　/100

サクッとこたえあわせ　答え102ページ

月　日

書いておぼえよう！

去（教103ページ）　キョ　コ　さる　5画
去去去去去
去(さ)る十日(とおか)　去年(きょねん)　死去(しきょ)　過去(かこ)
去（む）

倍（教103ページ）　バイ　10画
倍倍倍倍倍倍倍倍倍倍
二倍(にばい)　倍数(ばいすう)　十倍(じゅうばい)
倍（にんべん）

筆（教103ページ）　ヒツ　ふで　12画
筆筆筆筆筆筆筆筆筆筆筆筆
太(ふと)い筆(ふで)　筆先(ふでさき)　毛筆(もうひつ)
筆（たけかんむり）

銀（教103ページ）　ギン　14画
銀銀銀銀銀銀銀銀銀銀銀銀銀銀
銀行(ぎんこう)　水銀(すいぎん)　銀(ぎん)のつぼ
銀（かねへん）

1 読みがなを書きましょう。　20点(一つ4)

① 去年のカレンダー。
② 二倍にふえる。
③ 毛筆で書く。
④ 銀行のカード。
⑤ 同時に動く。

読んでおぼえよう！

●…読み方が新しい漢字　║…送りがな
●…とくべつな読み方をする漢字

教科書 上103ページ

教103ページ 晴 セイ は║れる は║らす	教103ページ 毛 モウ け	教103ページ 同 ドウ おな║じ	教103ページ 直 チョク なお║す なお║る	教103ページ 今年 ことし	教103ページ 二日 ふつか

うらのページにつづくよ！

② あてはまる漢字を書きましょう。

80点（一つ10）

① □□（せいてん）の休（きゅう）日にピクニックをする。

② □□（きょねん）の出来事を思い出す。

③ 入会者が前の月の□（ばい）にふえた。

④ □□（もうひつ）で習字をする。

⑤ □□（ぎんいろ）にかがやく金ぞくでできたケース。

⑥ じょうぎを使って長い□□（ちょくせん）を引く。

⑦ □（ことし）ははれの日が多い。

⑧ 公園に行ったのは□（ふつか）前のことだった。

⑦⑧「ことし」と「ふつか」はとくべつな読み方だよ！

ヒント ②

②「きょねん」とは、一ねん前のことで、「昨（さく）ねん」ともいいます。

⑤「ぎん」の右がわを「良」と書かないように注（ちゅう）意しましょう。

きほんのドリル 22。

夏のくらし
本で知ったことをクイズにしよう
鳥になったきょうりゅうの話

時間 15分
ごうかく80点
/100
答え 102ページ
サクッとこたえあわせ
月　日

書いておぼえよう！

植（教108ページ）
ショク　うえる　うわる
12画　植植植植植植植植植植植植
花を植える　植わる　植物
植（きへん）

集（教108ページ）
シュウ　あつまる　あつめる
12画　集集集集集集集集集集集集
集まる　集める　集合
集（ふるとり）

化（教111ページ）
カ　ばける　ばかす
4画　化化化化
化け物　化かす　化学　化石
化（ひ）

死（教115ページ）
シ　しぬ　はねる
6画　死死死死死死
病気で死ぬ　死者　生死
死（かばねへん・いちたへん）

都（教116ページ）
ツ　ト　みやこ　↓出る
11画　都都都都都都都都都都都
花の都　都会　都合
都（おおざと）

読んでおぼえよう！

●…読み方が新しい漢字　‖…送りがな

白（教105ページ）しろ　しろい　しら	石（教111ページ）セキ　いし
新（教106ページ）シン　あたらしい　あらた	地（教113ページ）ジ　チ

1 読みがなを書きましょう。　20点（一つ4）

① 植物の図かん。
② 人を集める。
③ 化石を調べる。
④ 死にたえた生物。
⑤ 都合をあわせる。

← うらのページにつづくよ！

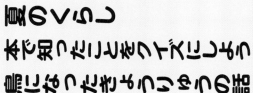

2 あてはまる漢字を書きましょう。

80点（一つ10）

① □(あら)たな登場人物があらわれる。

② 家族(ぞく)で□□(しょくぶつ)園に行った時のアルバムを見る。

③ 家でいさい園に野さいのなえを□(う)える。

④ 公園にたくさんの人を□(あつ)めてごみ拾いをする。

⑤ きょうりゅうの□□(かせき)をほり出す。

⑥ □(し)者(しゃ)を見送る外国のお祭(まつ)りのえいぞうを見る。

⑦ おやつに□□(しらたま)だんごを食べる。

⑧ その□(つ)度重(どおも)さをはかり、記ろくする。

⑧「つ度」は、そのたびにという意味だよ。

ヒント ２⑤「かせき」は、古い時代(だい)の生物や生物の生活のあとが、地中にのこされたものです。

まとめのドリル 23

こまを楽しむ ～ 鳥になったきょうりゅうの話

時間 15分　ごうかく 80点　／100

答え 102ページ

月　日

1 漢字の読みがなを書きましょう。　48点（一つ4）

① 兄はサッカーがとても上手（　）だ。

② トラックで食料（りょう）を運送（　）する。

③ 海岸（　）に鳥が集まっている。

④ 音読の練習（　）をする。

⑤ 花だんの植物（　）に水をやる。

⑥ お客様（　）から手紙をもらった。

⑦ 二日（　）間とも気持ちのよい晴天（　）だった。

⑧ 世界（　）から悲（　）しいことがなくなることをねがう。

⑨ 太陽（　）が地面（　）をじりじりとてりつける。

教科書 上56～117ページ

うらのページにつづくよ！

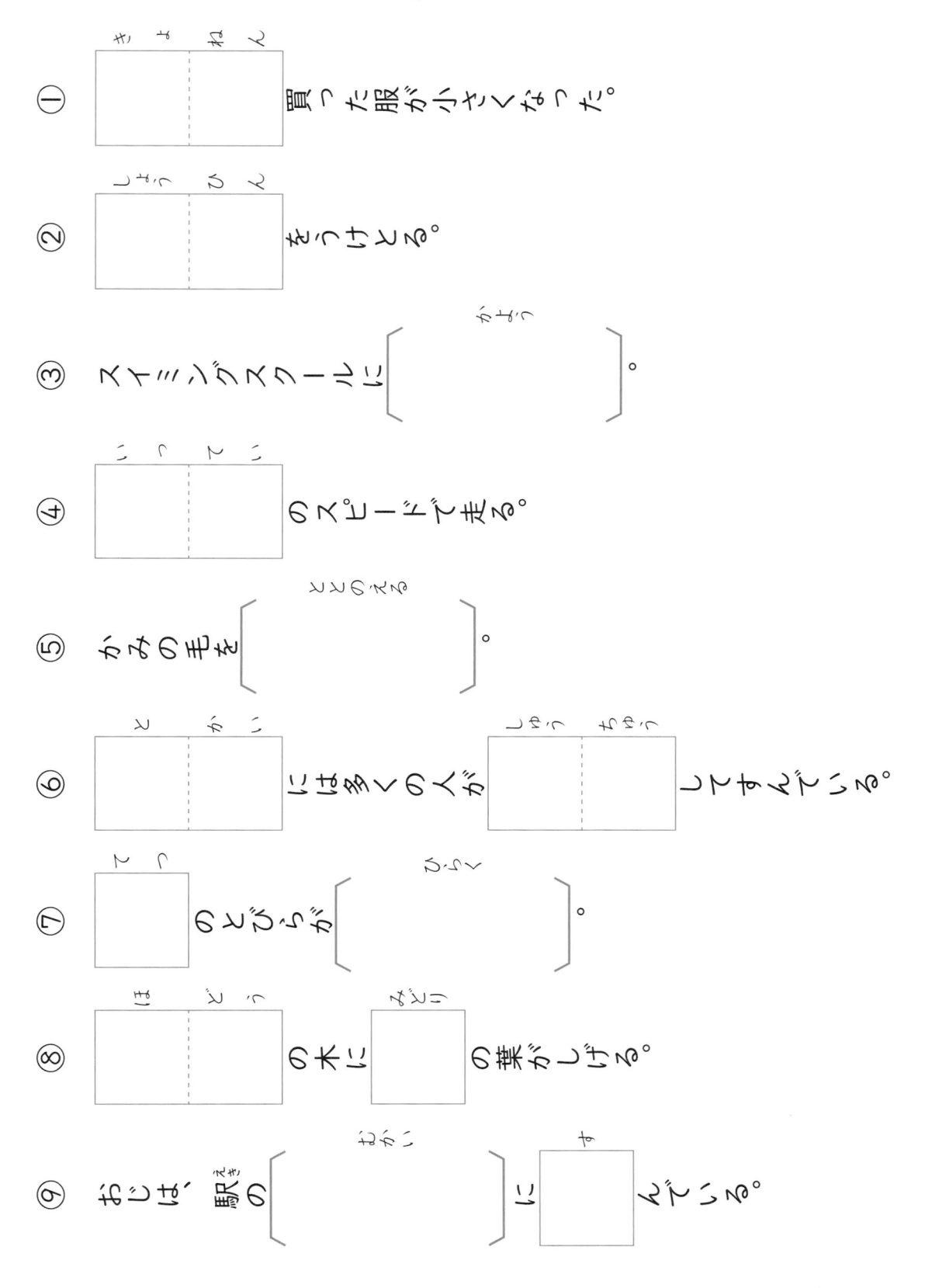

2 あてはまる漢字を書きましょう。
〔　〕には漢字とひらがなを書きましょう。

52点(一つ4)

① □□(きょねん)買った服が小さくなった。

② □□(しょうひん)をうけとる。

③ スイミングスクールに〔　　(かよう)　　〕。

④ □□(いってい)のスピードで走る。

⑤ かみの毛を〔　　(ととのえる)　　〕。

⑥ □□(とかい)には多くの人が□□(しゅうちゅう)してすんでいる。

⑦ □(てつ)のとびらが〔　　(ひらく)　　〕。

⑧ □□(ほどう)の木に□(みどり)の葉がしげる。

⑨ おじは、駅(えき)の〔　　(むかい)　　〕に□(す)んでいる。

24。四月から七月に習った漢字

時間 20分　ごうかく80点　／100

答え 102ページ

月　日

1 漢字の読みがなを書きましょう。 16点（一つ2）

① 次（　）の日から夏休みが始（　）まる。

② 人物（　）の顔に着目（　）する。

③ 秋の森林（しんりん）の落葉（　）について調（　）べる。

④ 近所（　）の公園で遊（　）ぶ。

2 あてはまる漢字を書きましょう。 20点（一つ4）

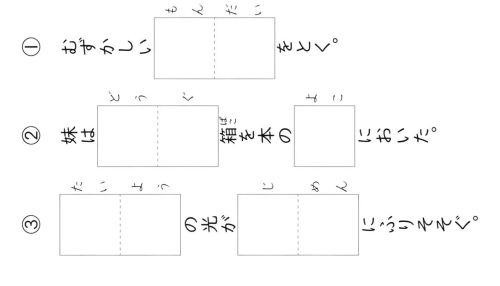

① むずかしい［もんだい］をとく。

② 妹は［どうぐ］箱（ばこ）を本の［よこ］においた。

③ ［たいよう］の光が［じめん］にふりそそぐ。

うらのページにつづくよ！

3 ——の漢字の読みがなを書きましょう。 16点（一つ2）

① うつくしい作品。（　）／品物を運ぶ。（　）

② 図書館に行く。（　）／森の館。（　）

③ 筆をとる。（　）／毛筆で書く。（　）

④ 新緑がまぶしい。（　）／緑のクレヨン。（　）

4 次の言葉を、漢字と送りがなで書きましょう。 24点（一つ4）

① たすける（　）

② ひろう（　）

③ ひらく（　）

④ あらわす（　）

⑤ うえる（　）

⑥ ふかまる（　）

5 次のそれぞれの二字じゅく語をかんせいさせましょう。 24点（一つ4）

① 意（い）□（み）

② □（たい）決（けつ）

③ □（いん）用（よう）

④ 学（がく）□（しゅう）

⑤ 線（せん）□（ろ）

⑥ □（はっ）見（けん）

きほんのドリル 25。

わたしと小鳥とすずと
夕日がせなかをおしてくる
こんな係がクラスにほしい

時間 15分
ごうかく80点　／100
サクッとこたえあわせ
答え 103ページ
月　日

書いておぼえよう！

教 118ページ
両 リョウ（はねる）
6画　両両両両両両
両親（りょうしん）　両方（りょうほう）　両立（りょうりつ）
両（いち）

教 121ページ
負 フ　ま（ける）　ま（かす）　お（う）
9画　負負負負負負負負負
負（ま）ける　負（ま）かす　負（お）う　勝負（しょうぶ）
負（かい／こがい）

教 122ページ
係 ケイ　かか（る）　かかり（ななめ）
9画　係係係係係係係係係
係（かか）る　図書係（としょがかり）　関係（かんけい）
係（にんべん）

教 123ページ
員 イン
10画　員員員員員員員員員員
社員（しゃいん）　定員（ていいん）　満員（まんいん）　全員（ぜんいん）
員（くち）

1 読みがなを書きましょう。 20点（一つ4）

① 両手（　　）を広げる。
② しあいで負（　　）ける。
③ クラスで係（　　）を決める。
④ ふしぎな関（かん）係（　　）。
⑤ 全員（　　）がそろう。

もうひといき
がんばりましょう。

うらのページにつづくよ！

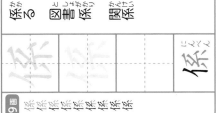

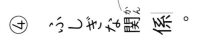

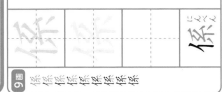

教科書 上 118～123ページ

2 あてはまる漢字を書きましょう。

80点（一つ10）

① 休みの日に［りょうしん］と買い物に出かける。

② 走ってきた犬を、［りょうて］でだき上げる。

③ しあいに［ま］けてくやしがる弟をなぐさめる。

④ きずを［お］った動物の手当てをする。

⑤ 遊んでいるうちに、すぐに親しい関［けい］になれた。

⑥ 図書［がかり］の仕事をする。

⑦ 商品のねだんを［てんいん］に聞く。

⑧ このエレベーターの［ていいん］は十二人だ。

⑥「かかり」の右がわが「糸」にならないようにしましょう。

ヒント ２ ③「まける」④「おう」と⑦⑧「いん」は形がにているのでちがいに気をつけて書きましょう。

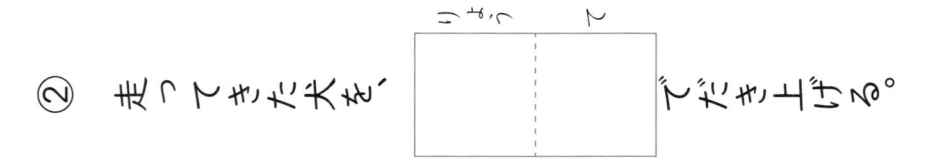

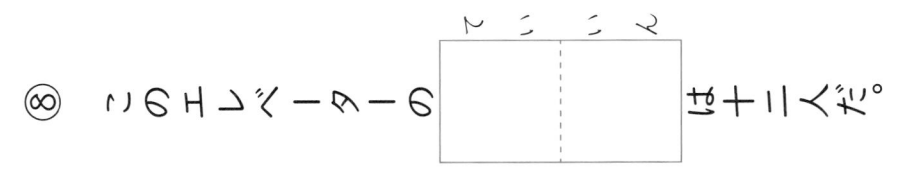

きほんのドリル 26。

ポスターを読もう 書くことを考えるときは 漢字の組み立て (1)

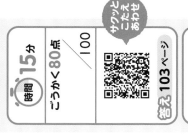

時間 15分　ごうかく80点　／100

答え 103ページ　サクッとこたえあわせ

月　日

書いておぼえよう！

祭（教125ページ）
サイ　まつる　まつり
11画　祭祭祭祭祭祭祭祭祭祭祭
先(せん)ぞを祭(まつ)る　日本(にほん)の祭(まつ)り　祭日(さいじつ)
出る
祭（しめす）

業（教128ページ）
ギョウ
13画　業業業業業業業業業業業業業
工業(こうぎょう)　商業(しょうぎょう)　農作業(のうさぎょう)
業（き）

板（教131ページ）
ハン　バン　いた
8画　板板板板板板板板
木の板(いた)　鉄板(てっぱん)　黒板(こくばん)
板（きへん）

柱（教131ページ）
チュウ　はしら
はなす
9画　柱柱柱柱柱柱柱柱柱
大(おお)きな柱(はしら)　大黒柱(だいこくばしら)　電柱(でんちゅう)
柱（きへん）

油（教131ページ）
ユ　あぶら
8画　油油油油油油油油
油絵(あぶらえ)　てんぷら油(あぶら)　石油(せきゆ)
油（さんずい）

読んでおぼえよう！

●…読み方が新しい漢字　‖…送りがな

作（教128ページ）サク　サ　つく‖る	日（教131ページ）ニチ　ジツ　ひ　か
休（教131ページ）キュウ　やす‖む　やす‖まる　やす‖める	田（教131ページ）デン　た

1 読みがなを書きましょう。　20点（一つ4）

① お祭りの夜。（　　）

② 消火(しょうか)作業をする。（　　）

③ 鉄板を運ぶ。（　　）

④ 電柱がならぶ。（　　）

⑤ 油田をほる。（　　）

← うらのページにつづくよ！

教科書 上124～133ページ

2 あてはまる漢字を書きましょう。

80点（一つ10）

① 遠くから夏□（まつ）りのたいこの音が聞こえる。

② 海ぞいに□□（こうぎょう）地たいが広がる。

③ お正月に□□□（はごいた）で遊ぶ。

④ □□（こくばん）に発表したないようを書く。

⑤ おかの上に□□（てっちゅう）を立てる。

⑥ 先生に□□（あぶらえ）を習う。

⑦ くすりの□□（さよう）でねむくなる。

⑧ □□（きゅうじつ）にみんなで公園に集まる。

⑥ぼくたちが使っているのは「水さいえの具」だよ。

ヒント
2 ②「ぎょう」は書きまちがいをしやすいので、ていねいに書きましょう。

きほんのドリル 27。

漢字の組み立て (2)

時間 15分
ごうかく 80点 ／100
サクッとこたえあわせ
答え 103ページ
月　日

書いておぼえよう！

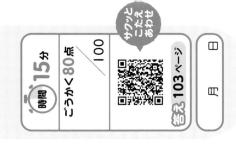

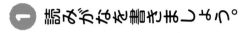

教 131ページ
港 コウ みなと（はねる）
12画 港港港港港港港港港港港港
港町（みなとまち）　空港（くうこう）　出港（しゅっこう）
港（さんずい）

教 132ページ
薬 ヤク くすり
16画 薬薬薬薬薬薬薬薬薬薬薬薬薬薬薬薬
薬を飲む（くすりをのむ）　薬箱（くすりばこ）　火薬（かやく）
薬（くさかんむり）

教 132ページ
笛 テキ ふえ（出る）
11画 笛笛笛笛笛笛笛笛笛笛笛
笛をふく（ふえをふく）　口笛（くちぶえ）　横笛（よこぶえ）　汽笛（きてき）
笛（たけかんむり）

教 132ページ
注 チュウ そそぐ（はなす）
8画 注注注注注注注注
力を注ぐ（ちからをそそぐ）　水を注ぐ（みずをそそぐ）　注意（ちゅうい）
注（さんずい）

読んでおぼえよう！

●…読み方が新しい漢字　＝…送りがな
●…とくべつな読み方をする漢字

教科書 上 130～133ページ

教 132ページ 雲 ウン くも	教 132ページ 雪 セツ ゆき	教 131ページ 時計 とけい

1 読みがなを書きましょう。 20点（一つ4）

① 来月に 開港（　　） する。

② 薬（　　） をぬる。

③ 口笛（　　） をふく。

④ 前方に 注意（　　） する。

⑤ 時計（　　） をなおす。

読めたかな？

← うらのページにつづくよ！

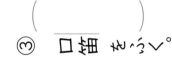

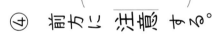

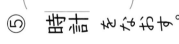

② あてはまる漢字を書きましょう。

80点（一つ10）

① 近くの［くうこう］をり用して旅行する。

② 二階（かい）から［めぐすり］。

③ かぜをひいたので、病院（びょういん）で［くすり］をもらう。

④ ほうかごにたて［ふえ］の練習をする。

⑤ 耳をすますと船の［きてき］が聞こえる。

⑥ 朝おきると目の前に［うんかい］が広がっていた。

⑦ ［しんせつ］にタイヤのあとがつく。

⑧ ねすごしてしまわないよう［ちゅうい］する。

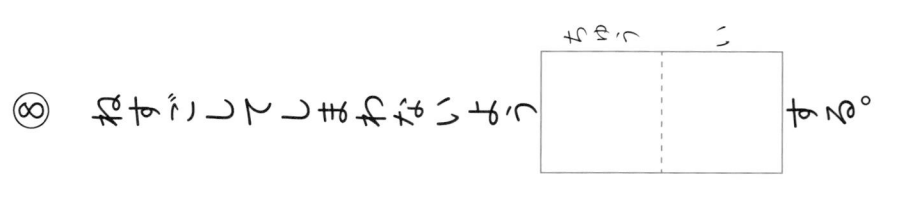

④昔、「ふえ」は竹でできていたんだ。それで「竹」という字が使われているんだよ。

なるほど！

ヒント ②
① 「くうこう」とは、「そら」の「みなと」のことです。
② 「二階からめぐすり」は、まわりくどいことのたとえです。

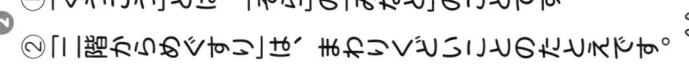

きほんのドリル 28. 漢字の組み立て (3)

時間15分 ごうかく80点 /100
サクッとこたえあわせ 答え103ページ
月　日

書いておぼえよう！

悪（11画）　アク・わるい　教132ページ
悪い（わるい）　悪者（わるもの）　悪人（あくにん）　悪事（あくじ）
部首：悪（こころ）
悪悪悪悪悪悪悪悪悪悪悪

者（8画）　シャ・もの　教132ページ
悪者（わるもの）　働き者（はたらきもの）　医者（いしゃ）　記者（きしゃ）
部首：者（おいかんむり・おいがしら）　ななめ
者者者者者者者者

勝（12画）　ショウ・かつ　教132ページ
しあいに勝つ（かつ）　勝ち気（かちき）　名勝（めいしょう）
部首：勝（ちから）
勝勝勝勝勝勝勝勝勝勝勝勝

庫（10画）　コ　教133ページ
車庫（しゃこ）　金庫（きんこ）　文庫（ぶんこ）
部首：庫（まだれ）　長く
庫庫庫庫庫庫庫庫庫庫

読んでおぼえよう！

●…読み方が新しい漢字　＝…送りがな

知（教132ページ）	チ・しる
買（教132ページ）	バイ・かう
広（教133ページ）	コウ・ひろい・ひろまる・ひろめる・ひろがる・ひろげる
間（教133ページ）	カン・ケン・あいだ・ま●

教科書 上130〜133ページ

1 読みがなを書きましょう。 20点（一つ4）

① 天気が 悪（　）い。
② 筆者（　）の言いたいこと。
③ しんけんな 勝負（　）。
④ 車庫（　）に入れる。
⑤ 話の 間（　）をとる。

「勝つ」の反対（はんたい）のことばは「負ける」だよ。

うらのページにつづくよ！

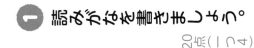

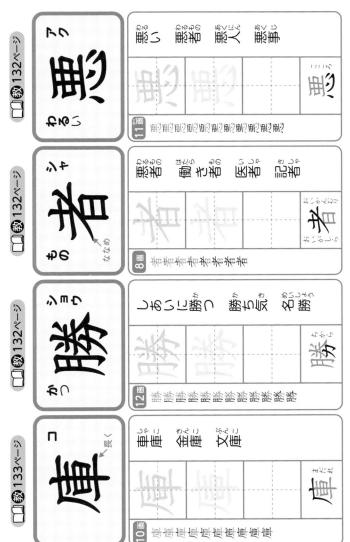

2 あてはまる漢字を書きましょう。

80点（一つ10）

① ヒーローが［わるもの］をたおす。

② 動物がきけんを［かんち］する。

③ あこがれていた本の［さくしゃ］に会う。

④ ［ばいばい］のけいやくをする。

⑤ テニスのしあいに［か］つ。

⑥ ［けっしょう］に進んだ兄のおうえんをする。

⑦ ［こうだい］な草原で、牛を育(そだ)てる。

⑧ ［しょこ］にあるたくさんの本を整理する。

④「ばいばい」は物をうったりかったりすることだよ。

ヒント ２ ⑧「しょこ」は、しょ物（本のこと）をしまっておくための部屋(へや)のことです。

きほんのドリル 29。ローマ字

時間 15分　ごうかく80点　／100
サクッとこたえあわせ
答え 103ページ
月　日

書いておぼえよう！

教 134ページ

波 音：ハ　訓：なみ（はらう）
8画　波波波波波波波波
波のり　波風　電波　波動
さんずい

教 134ページ

放 音：ホウ　訓：はなす　はなつ　はなれる　ほうる
8画　放放放放放放放放
放す　放つ　放れる　放送
のぶん（ぼくづくり）

教 134ページ

勉 音：ベン（はねる）
10画　勉勉勉勉勉勉勉勉勉勉
勉強　勉学
ちから

1 読みがなを書きましょう。

20点（一つ4）

① 波（　　）うちぎわで遊ぶ。
② 電波（　　）を出す。
③ 番組を放送（　　）する。
④ 五時から勉強（　　）する。
⑤ 強力（　　）なじしゃく。

読んでおぼえよう！

●…読み方が新しい漢字　＝…送りがな

教134ページ　力　リョク　ちから	教134ページ　帰　キ　かえる　かえす	教134ページ　強　キョウ　つよい　つよまる　つよめる

教科書 上134～138ページ

うらのページにつづくよ！

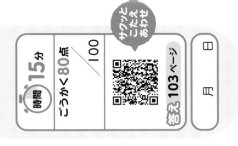

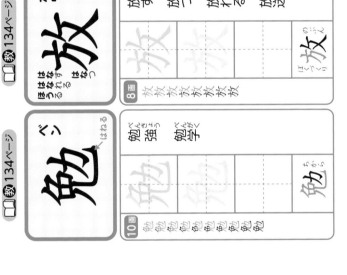

2 あてはまる漢字を書きましょう。

① プレゼントに［でんぱ］時計をもらう。

② かれとは［はちょう］が合う。

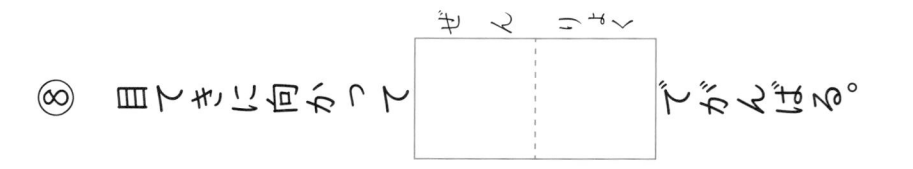

③ 池の水を［ほうしゅつ］する。

④ かばんから手を［はな］して地面におく。

⑤ 一生けんめい［べんがく］にはげむ。

⑥ 親せきたちが、海外旅行から［きこく］する。

⑦ 毎日走って体力を［きょうか］する。

⑧ 目てきに向かって［ぜんりょく］でがんばる。

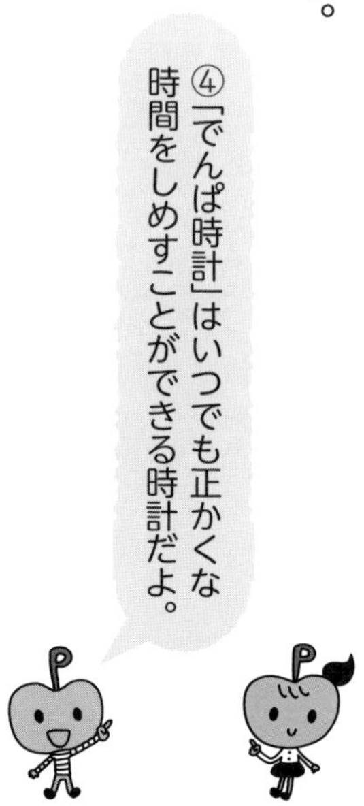

ヒント 2
②「はちょうが合う」は、考え方や感じ方がよくにていることです。
⑥「きこく」は、自分の「くに」に「かえる」ことです。

きほんのドリル 30。

ちいちゃんのかげおくり (1)

時間 15分
ごうかく80点 ／100
サクッとこたえあわせ
答え 103ページ
月　日

書いておぼえよう！

想（教13ページ）　ソウ
13画　想想想想想想想想想想想想想
予想（よそう）　感想（かんそう）　回想（かいそう）　空想（くうそう）
想（こころ）

写（教17ページ）　シャ　うつす　うつる　（はねる）
5画　写写写写写
写す（うつす）　写る（うつる）　写真（しゃしん）　写生（しゃせい）
写（わかんむり）

真（教17ページ）　シン　ま　（長く）
10画　真真真真真真真真真真
真心（まごころ）　真夏（まなつ）　真理（しんり）　真空（しんくう）
真（め）

列（教17ページ）　レツ　（はねる）
6画　列列列列列列
列車（れっしゃ）　列島（れっとう）　行列（ぎょうれつ）　参列（さんれつ）
列（りっとう）

血（教20ページ）　ケツ　ち　（まん中）
6画　血血血血血血
赤い血（あかいち）　出血（しゅっけつ）　血液（けつえき）
血（ち）

読んでおぼえよう！

●…とくべつな読み方をする漢字

- お父さん（おとうさん）（教14ページ）
- お兄ちゃん（おにいちゃん）（教14ページ）

1 読みがなを書きましょう。 20点（一つ4）

① 感想（　　）をたずねる。

② 写真（　　）をとる。

③ 真心（　　）でもてなす。

④ 列車（　　）が走る。

⑤ 手に血（　　）がつく。

教科書 下13～30ページ

← うらのページにつづくよ！

2 あてはまる漢字を書きましょう。

80点（一つ10）

① 思いえがいていた［りそう］を目ざしてがんばる。

② お［とう］さんが仕事に出かける。

③ 一つ年上のお［にい］ちゃんはとてもやさしい。

④ 校内の［しゃせい］大会にさんかする。

⑤ ［まなつ］の太陽がとてもまぶしい。

⑥ 会場の［ぜんれつ］にすわる。

⑦ 手当てをして［ち］を止める。

⑧ ころんでけがをして、足から［しゅっけつ］する。

⑤「しゃせい」は、見たままを絵などにかくことだよ。

ヒント ②⑥「ぜんれつ」は、「まえ」の「れつ」のことです。

きほんのドリル 31。

ちいちゃんのかげおくり (2)

時間 15分　ごうかく80点　/100　答え103ページ　サクッとこたえあわせ

月　日

教科書 下13～30ページ

書いておぼえよう！

漢字	読み	画数	筆順	ことば	教科書
暗	アン　くらい	13画	暗暗暗暗暗暗暗暗暗暗暗暗暗	暗(くら)い夜(よる)　暗(くら)がり　暗記(あんき)	教21ページ
橋	キョウ　はし	16画	橋橋橋橋橋橋橋橋橋橋橋橋橋橋橋橋	橋(はし)をわたる　つり橋(ばし)　鉄橋(てっきょう)	教21ページ
暑	ショ　あつい	12画	暑暑暑暑暑暑暑暑暑暑暑暑	暑(あつ)い夏(なつ)　暑中(しょちゅう)みまい	教24ページ
寒	カン　さむい	12画	寒寒寒寒寒寒寒寒寒寒寒寒	寒(さむ)い冬(ふゆ)　寒空(さむぞら)　寒風(かんぷう)　寒気(かんき)	教24ページ
軽	ケイ　かるい	12画	軽軽軽軽軽軽軽軽軽軽軽軽	軽(かる)い　手軽(てがる)　軽食(けいしょく)	教26ページ

暗 長く　ひへん
暑 出る　ひ
橋 きへん
寒 うかんむり
軽 くるまへん

1 読みがなを書きましょう。 20点(一つ4)

① 暗い道。（　　）

② 橋をわたる。（　　）

③ 暑い地方に住んでいる。（　　）

④ いつもより寒い。（　　）

⑤ 心が軽い。（　　）

ていねいに書けたかな？

うらのページにつづくよ！

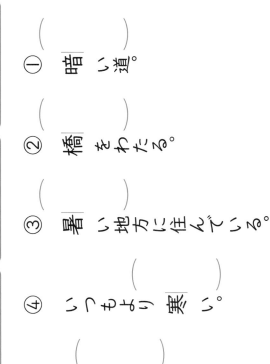

2 あてはまる漢字を書きましょう。

80点(一つ10)

① [くら]い空に光がさしこんできた。

② 気に入った詩の言葉を[あんき]する。

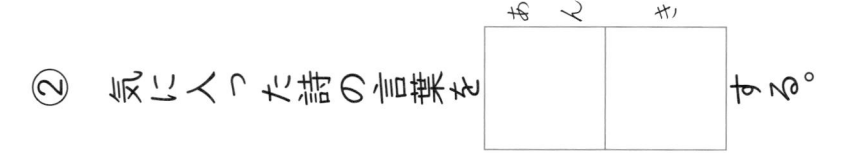

③ 川に木の[はし]をかける工事をする。

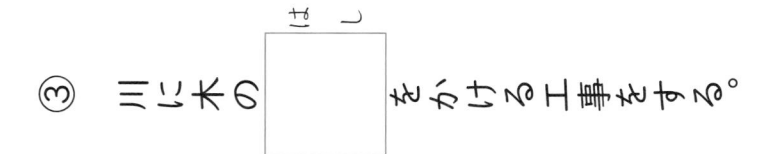

④ 列車が[てっきょう]をわたる音が聞こえる。

⑤ 夏の[あつ]い日はすずしい所ですごす。

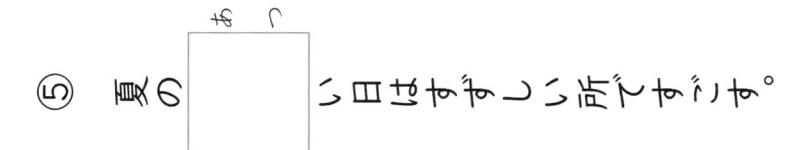

⑥ 外の[さむ]さに思わず体がふるえる。

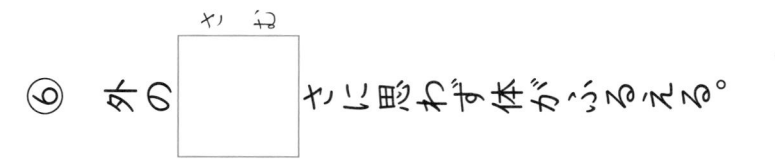

⑦ たっぷりねたので体が[かる]い。

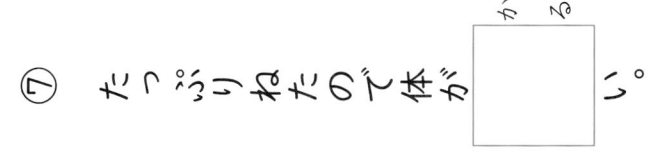

⑧ 午後に、きっさ店で[けいしょく]をとる。

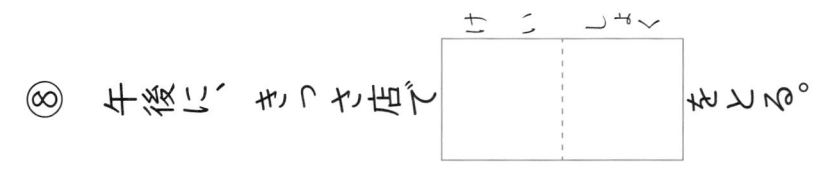

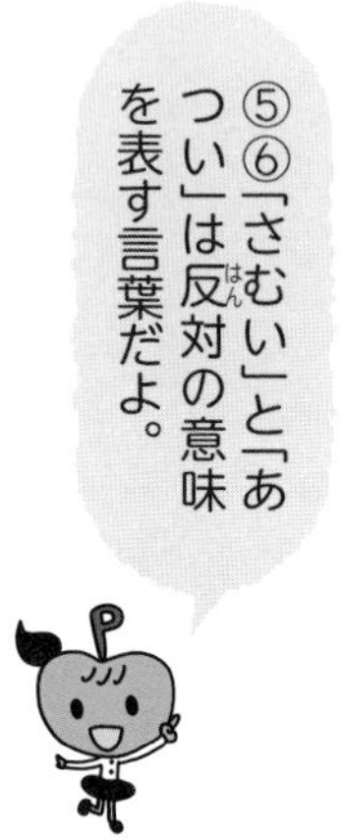

⑤⑥「さむい」と「あつい」は反対の意味を表す言葉だよ。

ヒント 2
⑥「さむい」は書き方がむずかしい漢字です。前のページで筆順をたしかめ、しっかり書けるようにしましょう。

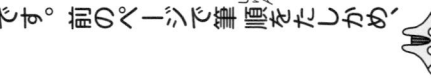

きほんのドリル 32。

ちいちゃんのかげおくり 修飾語を使って書こう (1)(3)

時間 15分　ごうかく80点　/100

答え 103ページ

月　日

書いておぼえよう！

教33ページ　州（シュウ）6画　州州州州州州　九州（きゅうしゅう）　本州（ほんしゅう）　川（かわ）

教31ページ　主（シュ・ぬし・おも）5画　主主主主主　まん中に　持ち主（もちぬし）　主な人々（おもなひとびと）　主人（しゅじん）　主（てん）

教31ページ　返（ヘン・かえす・かえる）7画　返返返返返返返　本を返す（ほんをかえす）　返る（かえる）　返事（へんじ）　辶（しんにょう・しんにゅう）

教28ページ　第（ダイ）11画　第第第第第第第第第第第　はねる　第一場面（だいいちばめん）　第三者（だいさんしゃ）　⺮（たけかんむり）

教27ページ　命（メイ・いのち）8画　命命命命命命命命　はらう　大切な命（たいせつないのち）　命取り（いのちとり）　生命（せいめい）　口（くち）

読んでおぼえよう！

●…読み方が新しい漢字　||…送りがな

教30ページ　明　あかるい　あかるむ　あからむ　あきらか　あける　あく　あくる　あかす

1 読みがなを書きましょう。 20点（一つ4）

① 命（　　）を守（まも）る。

② 第一（　　）の場面。

③ 本を読み返（　　）す。

④ 主語（　　）に当たる言葉。

⑤ 九州（　　）に行く。

うらのページにつづくよ！

サクッとこたえあわせ

2 あてはまる漢字を書きましょう。

80点（一つ10）

①　とうとい［いのち］を守る。

②　工事では何より安全を［だいいち］に考える。

③　開始時間におくれた理由を［あき］らかにする。

④　名前をよばれたので［へんじ］をする。

⑤　先生の話を聞き［かえ］す。

⑥　文の［しゅご］をさがす。

⑦　朝食では［おも］にパンを食べている。

⑧　旅行に行くので、［きゅうしゅう］の地図を広げる。

⑥「しゅご」は、文の中で「何が」「だれが」に当たる言葉だよ。

ヒント　2 ②「だい」は「弟」と形がにているので気をつけましょう。

きほんのドリル 33。

修飾（しゅうしょく）語を使って書こう (2)
秋のくらし

時間 15分　ごうかく80点　/100

サクッとこたえあわせ　答え 103ページ

月　日

書いておぼえよう！

役（教33ページ）　ヤク　7画　役役役役役役役　彳（ぎょうにんべん）
役人（やくにん）　役所（やくしょ）　役目（やくめ）　主役（しゅやく）

守（教33ページ）　シュ・ス　まもる　6画　守守守守守守　宀（うかんむり）
決まり（き）を守る（まも）　死守（ししゅ）　留守（るす）

荷（教33ページ）　に　10画　荷荷荷荷荷荷荷荷荷荷　艹（くさかんむり）
荷車（にぐるま）　荷物（にもつ）　重荷（おもに）

根（教33ページ）　コン　ね　10画　根根根根根根根根根根　木（きへん）
草の根（くさのね）　根強い（ねづよい）　根気（こんき）

屋（教33ページ）　オク　や　9画　屋屋屋屋屋屋屋屋屋　尸（しかばね）
本屋（ほんや）　問屋（とんや）　屋上（おくじょう）　屋外（おくがい）

読んでおぼえよう！

●…読み方が新しい漢字　＝…送りがな
●…とくべつな読み方をする漢字

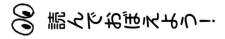

風（教33ページ）　フウ　かぜ　かざ	米（教34ページ）　マイ　こめ
船（教33ページ）　セン　ふね　ふな	明日（教33ページ）　あす

1 読みがなを書きましょう。　20点（一つ4）

① 風船（　　）がとぶ。
② 赤い屋根（　　）。
③ 荷物（　　）がとどく。
④ やくそくを守（　　）る。
⑤ 役（　　）わりを決める。

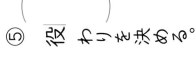

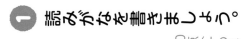

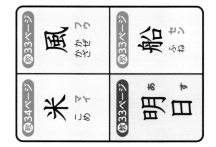

うらのページにつづくよ！

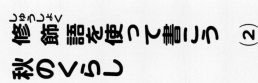

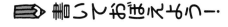

2 あてはまる漢字を書きましょう。

80点（一つ10）

① 近くのお［こめや］さんにおつかいに行く。

② ビルの［おくじょう］にのぼって花火をながめた。

③ これはとても［こんき］のいる仕事だ。

④ 仕事がおわり、ようやくかたの［に］がおりる。

⑤ まち合わせの時間を［まも］る。

⑥ おじさんは［やくしょ］ではたらいている。

⑦ ［あす］の天気を調べる。

⑧ いただいた［しんまい］を家族みんなで食べる。

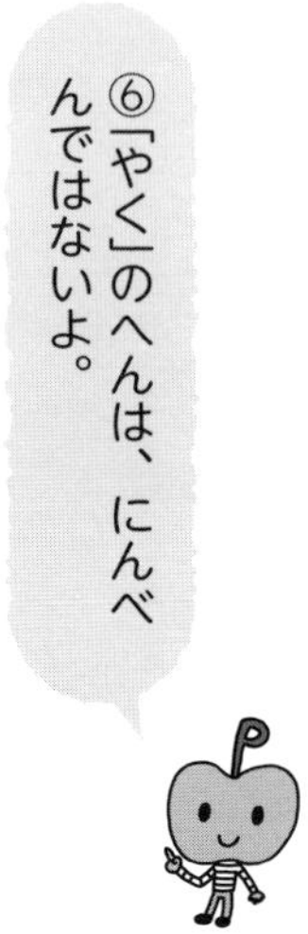

⑥「やく」のくんは、にんべんではないよ。

ヒント 2
④の「かたのにがおりる」とは、「せきにんがなくなってほっとする」という意味です。
⑥「やくしょ」は、やくにんが仕事をするところのことです。

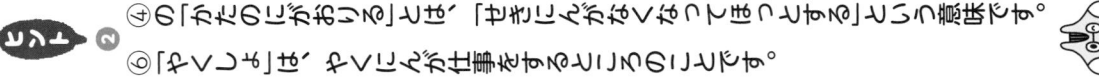

まとめのドリル 34。

わたしと小鳥とすずと ～ 秋のくらし

時間 15分
ごうかく80点 ／100
サクッとこたえあわせ
答え 103ページ
月　日

1 漢字の読みがなを書きましょう。　52点（一つ4）

① かべにかけられた 柱時計（　）。

② 丸太（た） 小屋（　）を 写生（　）する。

③ 火にかけた 鉄板（　）に 油（　）をひく。

④ クラス 全員（　）の 役（　）わりを決める。

⑤ 九州（　）のおみやげを買う。

⑥ 一人で 列車（　）に乗（の）る。

⑦ つり 橋（　）をゆっくりとわたる。

⑧ 兄はクラスの 人気者（　）だ。

⑨ 強力（　）な 電波（　）を受信（じゅしん）する。

教科書 上118～下35ページ

← うらのページにつづくよ！

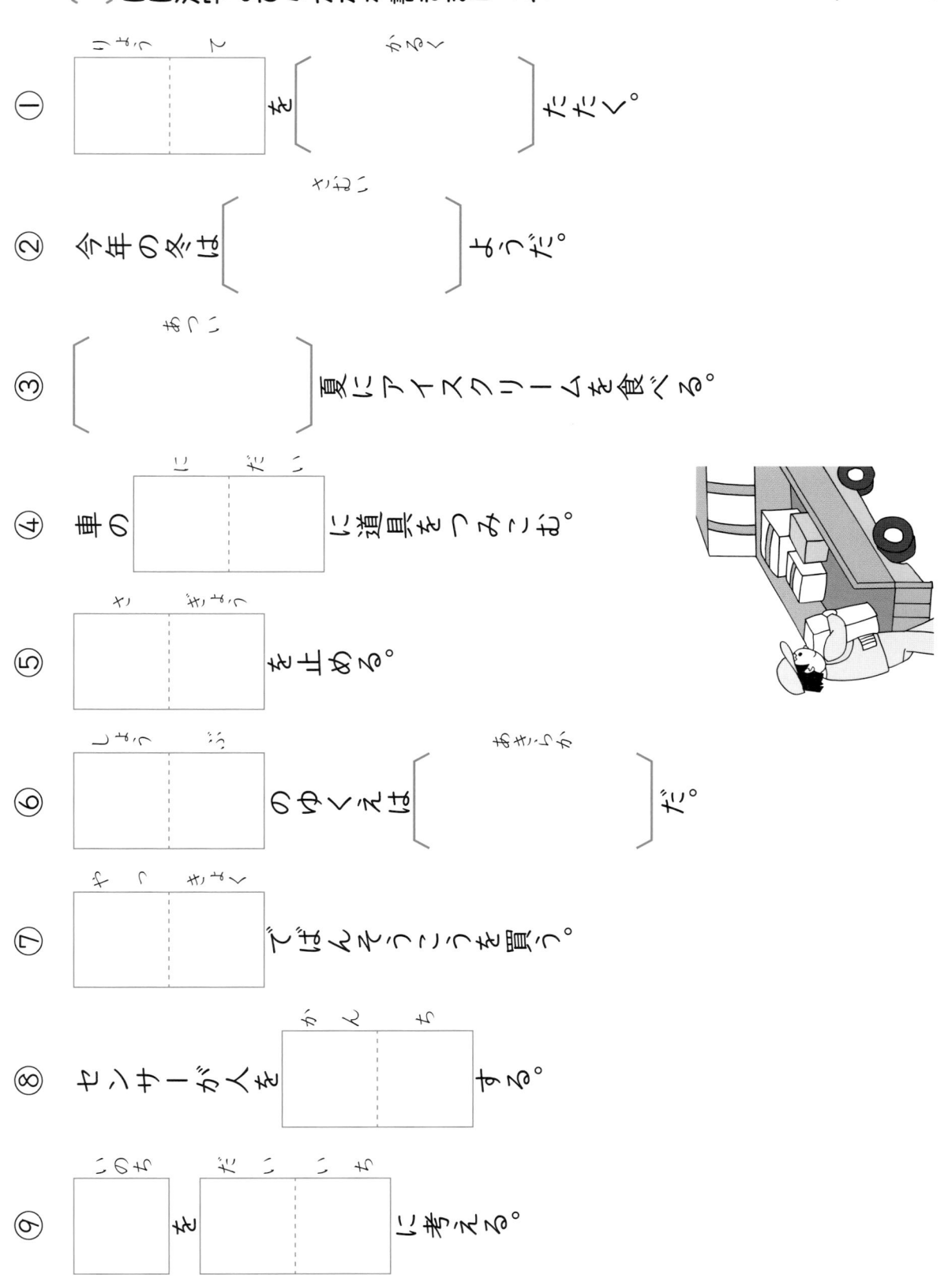

2 あてはまる漢字を書きましょう。〔　〕には漢字とひらがなを書きましょう。

48点（一つ4）

① □□（りょう て）を〔　　〕（かるく）たたく。

② 今年の冬は〔　　〕（さむい）ようだ。

③ 〔　　〕（あつい）夏にアイスクリームを食べる。

④ 車の□□（に だい）に道具をつみこむ。

⑤ □□（さ ぎょう）を止める。

⑥ □□（しょう ぶ）のゆくえは〔　　〕（あきらか）だ。

⑦ □□（やっ きょく）でばんそうこうを買う。

⑧ センサーが人を□□（かん ち）する。

⑨ □（いのち）を□□（だい いち）に考える。

きほんのドリル 35。

すがたをかえる大豆 (1)

時間 15分　ごうかく80点　/100

サクッとこたえあわせ　答え103ページ

月　日

書いておぼえよう！

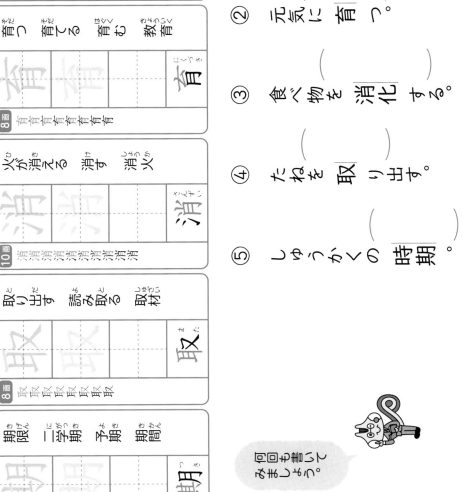

教43ページ
豆　トウ　ズ　まめ　（長く）
7画　豆豆豆豆豆豆豆
豆（まめ）つぶ　そら豆（まめ）　納豆（なっとう）　大豆（だいず）
豆（まめ）

教45ページ
育　イク　そだつ　そだてる　はぐくむ
8画　育育育育育育育育
育（そだ）つ　育（そだ）てる　育（はぐく）む　教育（きょういく）
育（にくづき）

教45ページ
消　ショウ　きえる　けす　（まっすぐ）
10画　消消消消消消消消消消
火（ひ）が消（き）える　消（け）す　消火（しょうか）
消（さんずい）

教46ページ
取　シュ　とる　（出ない）
8画　取取取取取取取取
取（と）り出（だ）す　読（よ）み取（と）る　取材（しゅざい）
取（また）

教48ページ
期　キ　（はねる）
12画　期期期期期期期期期期期期
期限（きげん）　二学期（にがっき）　予期（よき）　期間（きかん）
期（つき）

1 読みがなを書きましょう。

20点（一つ4）

① 大豆を食べる。（　）
② 元気に育つ。（　）
③ 食べ物を消化する。（　）
④ たねを取り出す。（　）
⑤ しゅうかくの時期。（　）

← うらのページにつづくよ！

教科書 下43～51ページ

2 あてはまる漢字を書きましょう。

80点（一つ10）

① なべで［だいず］をゆでる。

② 水をたっぷりやったあさがおが大きく［そだ］つ。

③ 全員すぐに［たいいくかん］に集合してください。

④ しばらくして火はしぜんに［き］えた。

まちがえないように、
たしかめながら書こう！

⑤ 黒板に書かれた文字を［け］す。

⑥ 節分（せつ）の日にまく［まめ］をくばる。

⑦ 新しいサッカーボールをうけ［と］る。

⑧ えんそう会に向けて、長い［きかん］練習をする。

ヒント ２⑧「きかん」とは、あるときからあるときまでの、一定のじかんのことです。

すがたをかえる大豆 ことわざ・故事成語（こじせいご） (1) (2)

時間 15分　ごうかく 80点　／100

サクッとこたえあわせ　答え 103ページ

月　日

書いておぼえよう！

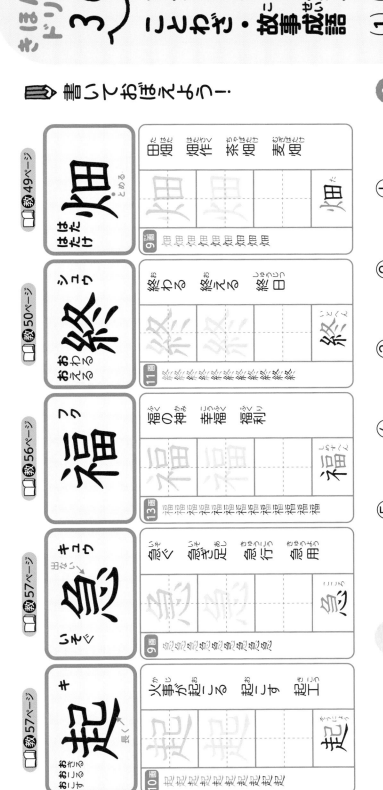

教 49ページ
畑 はた はたけ
9画
田畑（たはた）　畑作（はたさく）　茶畑（ちゃばたけ）　麦畑（むぎばたけ）
（とめる）

教 50ページ
終 シュウ おわる おえる
11画
終わる（おわる）　終える（おえる）　終日（しゅうじつ）
（いとへん）

教 56ページ
福 フク
13画
福の神（ふくのかみ）　幸福（こうふく）　福利（ふくり）
（しめすへん）

教 57ページ
急 キュウ いそぐ
9画
急ぐ（いそぐ）　急ぎ足（いそぎあし）　急行（きゅうこう）　急用（きゅうよう）
（出ない）（こころ）

教 57ページ
起 キ おきる おこる おこす
10画
火事が起こる（かじがおこる）　起こす（おこす）　起工（きこう）
（長く）（そうにょう）

1 読みがなを書きましょう。
20点（一つ4）

① 畑（　　）に水をまく。

② 旅の 終（　　）わり。

③ 福（　　）をまねく。

④ 急（　　）いで帰る。

⑤ 事けんが 起（　　）こる。

ていねいに書きましょう。

うらのページにつづくよ！

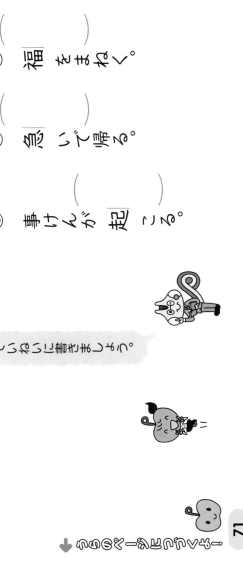

教科書 下 43〜59ページ

❷ あてはまる漢字を書きましょう。

80点(一つ10)

① 夏休みに□(はたけ)仕事を手つだう。

② えんそう会で、□(お)わりのあいさつをする。

③ のっていたバスが、□□(しゅうてん)まで行く。

④ □(ふく)の神(かみ)におまいりする。

⑤ □(いそ)いで学校へ向かった。

⑥ 次に来る電車は□□(きゅうこう)だ。

⑦ 新しいながれが□(お)こる。

⑧ 「□(き)立(りつ)。」の声で、みなが立ち上がった。

④「ふく」という読みの漢字はたくさんあるので、使い分けに気をつけましょう！

ヒント ❷ ⑥「きゅうこう」は「いそいでいく」という意味です。

きほんのドリル 37

ことわざ・故事成語 (2)　漢字の意味 (1)

時間 15分　ごうかく80点　/100

サクッとこたえあわせ　答え 103ページ

月　日

書いておぼえよう！

教57ページ　苦（ク・くるしい・くるしむ・くるしめる・にがい・にがる）　8画　苦苦苦苦苦苦苦苦　くさかんむり
苦しい　苦しむ　苦い　苦心

教59ページ　待（タイ・まつ）　はねる　9画　待待待待待待待待待　ぎょうにんべん
待つ　待合室　期待

教59ページ　談（ダン）　15画　談談談談談談談談談談談談談談談　ごんべん
談話　相談　会談

教60ページ　鼻（はな）　14画　鼻鼻鼻鼻鼻鼻鼻鼻鼻鼻鼻鼻鼻鼻　はな
鼻血　鼻声　鼻息

教60ページ　歯（シ・は）　はなす　12画　歯歯歯歯歯歯歯歯歯歯歯歯　は
歯車　虫歯　歯科

読んでおぼえよう！

●…読み方が新しい漢字　＝…送りがな

教58ページ　多（タ・おおい）

教61ページ　交（コウ・まじる・まざる・まぜる）

1 読みがなを書きましょう。 20点(一つ4)

① 苦（　）労した話。

② 待（　）ち合わせをする。

③ 友人に相談（　）する。

④ 鼻（　）が赤くなる。

⑤ まっ白な歯（　）。

教科書 下56～61ページ

うらのページにつづくよ！

❷ あてはまる漢字を書きましょう。

80点（一つ10）

① □□（くしん）して絵をかんせいさせた。

② □□（たしょう）のミスには目をつぶる。

③ まだ来ない友だちを公園で□（ま）つ。

④ きぎょうの社長と□□（かいだん）する。

⑤ □□（だんわ）室ではなしこむ。

⑥ よそ見して、柱に□（はな）をぶつける。

⑦ ねる前にきちんと□（は）をみがく。

⑧ 漢字とかなを□（ま）ぜて書き表す。

⑥「はな」の上の部分は「白」ではないよ。

ヒント ❷④「かいだん」は「あって」「はなしあう」という意味です。

漢字の意味 (2)

時間 15分　ごうかく80点　/100　答え104ページ　サクッとこたえあわせ

月　日

書いておぼえよう！

央 オウ（教61ページ）　↓まん中
5画　央央央央央
中央（ちゅうおう）
央　だい

階 カイ（教61ページ）　はねる
12画　階階階階階階階階階階階階
二階（にかい）　音階（おんかい）　階段（かいだん）　階下（かいか）
階　こざとへん

委 イ　ゆだねる（教61ページ）
8画　委委委委委委委委
委ねる（ゆだねる）　委員会（いいんかい）　委細（いさい）
委　おんな

級 キュウ（教61ページ）
9画　級級級級級級級級級
学級（がっきゅう）　級友（きゅうゆう）　上級（じょうきゅう）
級　いとへん

昭 ショウ（教61ページ）　出ない
9画　昭昭昭昭昭昭昭昭昭
昭和（しょうわ）
昭　ひへん

1 読みがなを書きましょう。 20点（一つ4）

① 画用紙の中央。（　　）
② 二階へ上がる。（　　）
③ 委員会に入る。（　　）
④ 学級新聞を作る。（　　）
⑤ 昭和のはじめ。（　　）

むずかしいかな？

← うらのページにつづくよ！

❷ あてはまる漢字を書きましょう。

80点（一つ10）

①「おう」は、この使い方しか習わないからおぼえましょう！

① 紙の［ちゅうおう］に絵をかく。

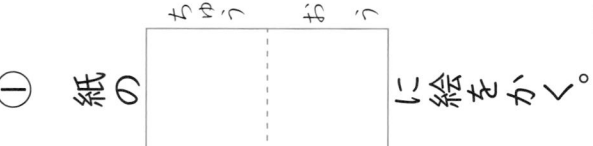

② ［かいか］の部屋の人にあいさつする。

③ 兄をよぶため［にかい］に上がる。

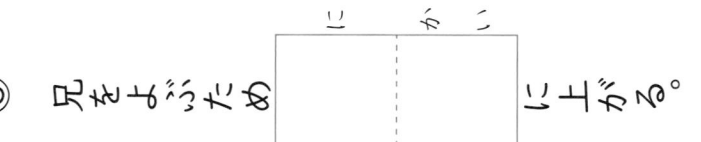

④ 図書［いいん］を決める話し合いをする。

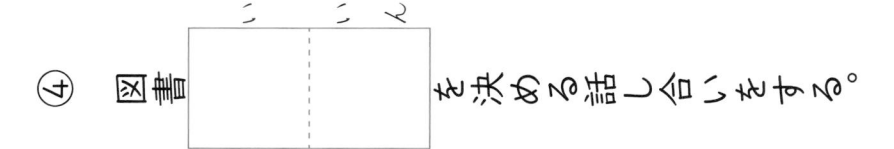

⑤ ほかの人に仕事を［ゆだ］ねる。

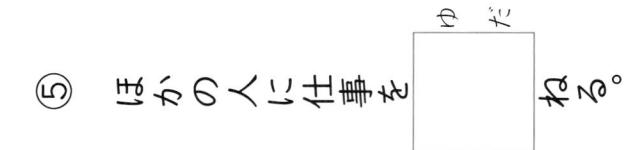

⑥ 四月になって三年生に［しんきゅう］する。

⑦ ［こうきゅう］な品物をもらう。

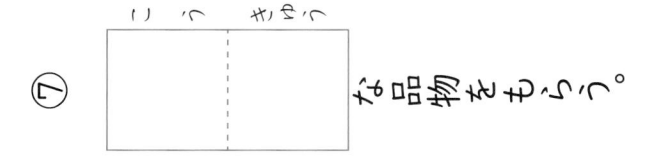

⑧ ［しょう］和の時代をふり返るテレビ番組を見る。

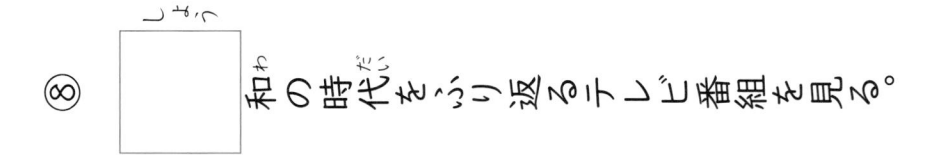

ヒント ❷ ⑧「しょう」は「明るい」や、「よのなかがおさまる」という意味の漢字ですが、ここでは「しょう和」という時代を表すのに使われています。

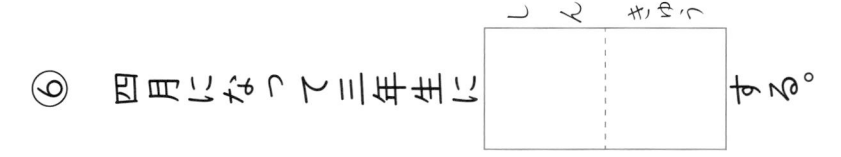

きほんのドリル 39。漢字の意味(3) 短歌を楽しもう

時間15分　ごうかく80点　/100

サクッとこたえあわせ　答え104ページ

月　日

書いておぼえよう！

教61ページ　和（ワ）　8画　和和和和和和和和
平和（へいわ）　和服（わふく）　和食（わしょく）　和（くち）

教61ページ　駅（エキ）　14画　駅駅駅駅駅駅駅駅駅駅駅駅駅駅
東京駅（とうきょうえき）　駅長（えきちょう）　駅員（えきいん）　駅前（えきまえ）　駅（うまへん）

教61ページ　皮（ヒ・かわ）　はらう　5画　皮皮皮皮皮
毛皮（けがわ）　皮肉（ひにく）　皮相（ひそう）　皮（けがわ）

教61ページ　皿（さら）　まん中　5画　皿皿皿皿皿
皿あらい（さら）　小皿（こざら）　皿（さら）

教62ページ　短（タン・みじかい）　とめる　12画　短短短短短短短短短短短短
短いひも（みじか）　短歌（たんか）　長短（ちょうたん）　短（やへん）

読んでおぼえよう！

●…読み方が新しい漢字　＝…送りがな
●…とくべつな読み方をする漢字

教61ページ　教（キョウ・おし<u>える</u>・おそ<u>わる</u>）
教61ページ　部屋（へや）
教61ページ　今朝（けさ）

1 読みがなを書きましょう。　20点（一つ4）

① 平和（　　）をいのる。

② 駅（　　）に向かう。

③ くりの皮（　　）むきをする。

④ 皿（　　）あらいをする。

⑤ 短歌（　　）を味わう。

← うらのページにつづくよ！

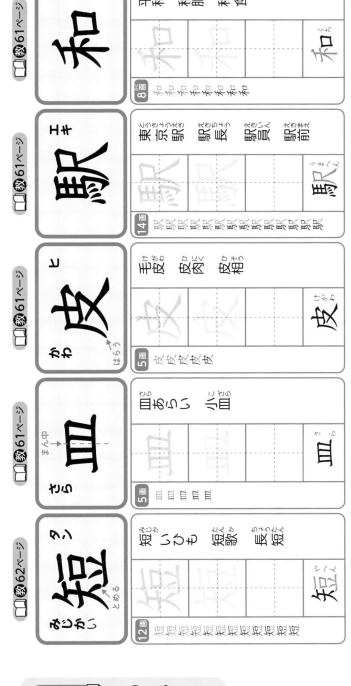

❷ あてはまる漢字を書きましょう。

80点（一つ10）

① 母は□□（わしょく）を作るのがとくいです。

② 友だちと□（えき）で待ち合わせる。

③ 兄からむずかしい漢字を□（おそ）わる。

④ くだもののナイフでりんごの□（かわ）をむく。

⑤ テーブルに人数分のお□（さら）をならべる。

⑥ □□（けさ）の新聞にのっている記事を読む。

⑦ 広い□□（へや）に住んでいる。

⑧ かみの毛がのびてきたので□（みじか）く切る。

③「おそわる」は、送りがなにも注意しよう！

ヒント ❷⑥「けさ」とは「きょうのあさ」のことです。

きほんのドリル
40。三年とうげ (1)

時間 15分　ごうかく80点　/100
答え104ページ
月　日

書いておぼえよう！

漢字	読み	画数	筆順	ことば	部首	教科書
息	ソク／いき	10画	息息息息息息息息息息	ため息（いき）　白（しろ）い息（いき）　休息（きゅうそく）	息（こころ）	教66ページ
美	ビ／うつくしい	9画	美美美美美美美美美	美（うつく）しい花（はな）　美（うつく）しさ　美人（びじん）	美（ひつじ）	教66ページ
転	テン／ころがる　ころげる　ころがす　ころぶ	11画	転転転転転転転転転転転	転（ころ）がる　転（ころ）がす　転校（てんこう）	転（くるまへん）	教68ページ
病	ビョウ／やまい	10画	病病病病病病病病病病	重（おも）い病（やまい）　病気（びょうき）	病（やまいだれ）	教70ページ

読んでおぼえよう！

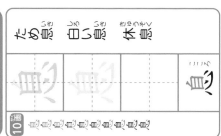

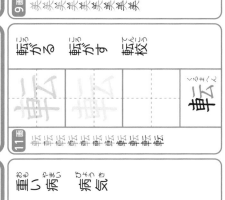

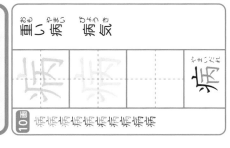

●…とくべつな読み方をする漢字

教70ページ　真（ま）っ青（さお）

1 読みがなを書きましょう。　20点（一つ4）

① ため息をつく。（　）
② 美しい花。（　）
③ 道で転ぶ。（　）
④ 病気で休む。（　）
⑤ 病にかかる。（　）

送りがなもいっしょに
おぼえましょう。

うらのページにつづくよ！

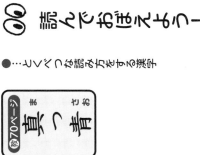

2 あてはまる漢字を書きましょう。

80点（一つ10）

① 運動の後は［きゅうそく］がひつようだ。

② 走ってきたので［いき］がはずんでいる。

③ ［うつく］しい庭（にわ）をながめながらお茶を飲（の）む。

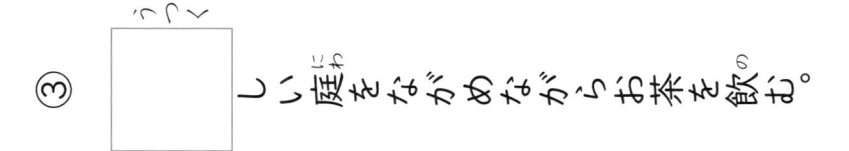

④ 町内の［びか］運動にさんかする。

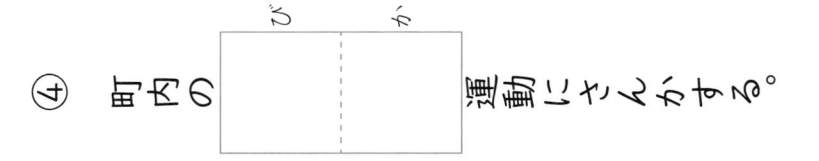

⑤ となりの県から［てんこう］する。

⑥ 走って［ころ］んだ子どもがないている。

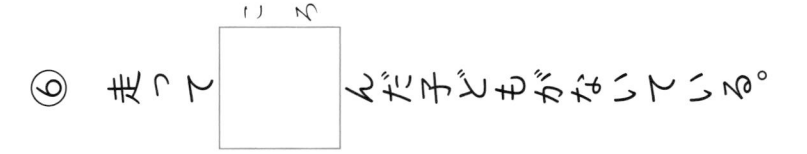

⑦ ねぼうして顔が［まっさお］になる。

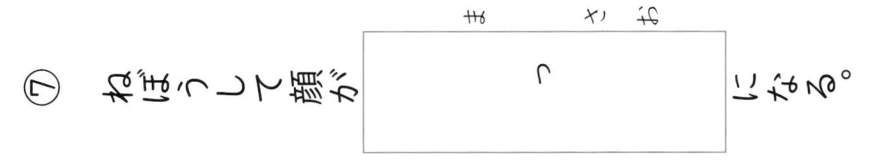

⑧ ［びょうき］の友だちのお見まいに行く。

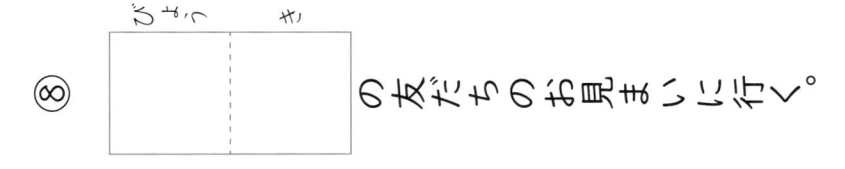

ヒント
2 ③「うつくしい」は送りがなをまちがえやすい漢字です。

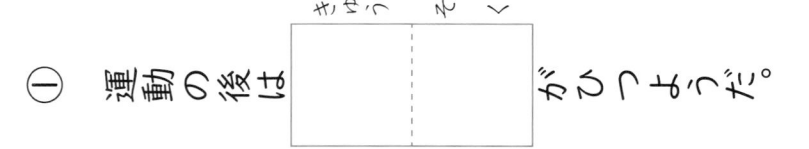

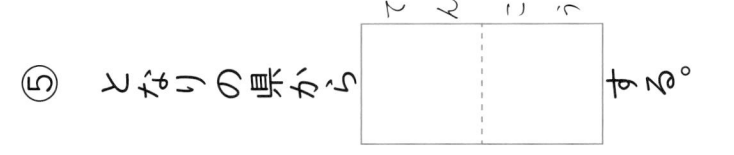

きほんのドリル 41。三年とうげ (2)

時間15分　ごうかく80点　/100

サクッとこたえあわせ　答え104ページ

月　日

書いておぼえよう！

教70ページ
医　イ
7画　医医医医医医医
医者（いしゃ）　医学（いがく）　医院（いいん）　名医（めいい）
医（かくしがまえ）

教70ページ
飲　イン　のむ　（とめる）
12画　飲飲飲飲飲飲飲飲飲飲飲飲
水を飲む（みずをのむ）　飲み水（のみみず）　飲食（いんしょく）
飲（しょくへん）

教70ページ
重　ジュウ　チョウ　え　おもい　かさねる　かさなる
9画　重重重重重重重重重
重い（おもい）　重ねる（かさねる）　体重（たいじゅう）　貴重（きちょう）
重（さと）

教70ページ
配　ハイ　くばる　（はねる）
10画　配配配配配配配配配配
新聞を配る（しんぶんをくばる）　心配（しんぱい）　配送（はいそう）
配（とりへん）

1 読みがなを書きましょう。
20点（一つ4）

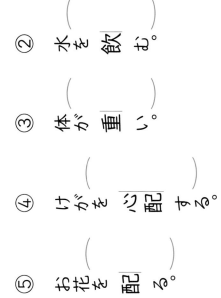

① 医者（　　）を目ざす。

② 水を飲（　　）む。

③ 体が重（　　）い。

④ けがを心配（　　）する。

⑤ お花を配（　　）る。

まちがえないように たしかめながら 書きましょう。

うらのページにつづくよ！

教科書 下65～80ページ

2 あてはまる漢字を書きましょう。

80点（一つ10）

① 兄は［いがく］の道を目ざしている。

② かれは［めいい］とよばれている。

③ ぼく場でしぼりたての牛乳（ぎゅうにゅう）を［の］む。

④ レストランで［いんしょく］を楽しむ。

⑤ 力を合わせて［おも］いかばんを運ぶ。

⑥ たくさん食べたので、［たいじゅう］がふえた。

⑦ 寒いので洋服を何まいも［かさ］ねて着る。

⑧ あたたかくなってきて、春の［けはい］がする。

②「めいい」とは、「な」高い「いしゃ」、よいいしゃのことだよ。

ヒント ❷③④「のむ」「いん」のへんを、「食」と書かないように注意しましょう。

きほんのドリル 42。

三年とうげ (3) わたしの町のよいところ

時間 15分
ごうかく80点 /100
サクッとこたえあわせ
答え 104ページ
月　日

書いておぼえよう！

度（ド）　教73ページ
9画　度度度度度度度度度
まだれ
角度（かくど）　今度（こんど）　温度（おんど）　一度（いちど）

幸（コウ・さいわい・しあわせ）　教76ページ　長く
8画　幸幸幸幸幸幸幸幸
いちじゅう・かん
幸い（さいわい）　幸せな人（しあわせなひと）　幸運（こううん）　幸福（こうふく）

流（リュウ・ながれる・ながす）　教82ページ　はねる
10画　流流流流流流流流流流
さんずい
流れる（ながれる）　流し台（ながしだい）　流水（りゅうすい）　流行（りゅうこう）

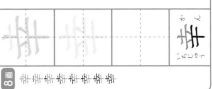

族（ゾク）　教82ページ
11画　族族族族族族族族族族族
ほうへん・かたへん
家族（かぞく）　一族（いちぞく）　民族（みんぞく）

読んでおぼえよう！

●…読み方が新しい漢字　＝…送りがな

高（コウ・たかい・たか・たかまる・たかめる）　教84ページ

教科書 下65〜85ページ

1 読みがなを書きましょう。 20点（一つ4）

① 一度（　）ためしてみる。
② 幸（　）せな気持ち。
③ 川が流（　）れる。
④ 家族（　）がそろう。
⑤ 兄は高校生（　）だ。

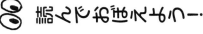

しっかり読めましたか？

うらのページにつづくよ！

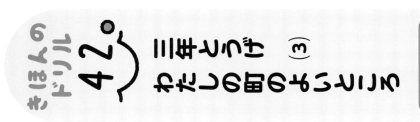

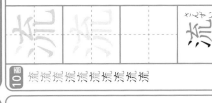

2 あてはまる漢字を書きましょう。

80点（一つ10）

① 公園にある池の水の［おんど］を調べる。

② ケーブルカーが急な［かくど］の坂道をのぼる。

③ すえながく［しあわ］せにくらす。

④ ［こううん］にめぐまれた人生を送る。

⑤ 山の上からきれいな川が［なが］れている。

⑥ ［りゅうひょう］の上をシロクマが歩く。

⑦ ［かぞく］と海外旅行に出かける。

⑧ ［すいぞくかん］でイルカショーを見た。

③「しあわせ」は、送りがなにも気をつけてね。

ヒント ２ ③送りがなをまちがえやすいので注意しましょう。

冬休みのホームテスト

43. 九月から十二月に習った漢字

時間 20分

ごうかく80点

/100

答え 104ページ

サクッとこたえあわせ

月　日

1 漢字の読みがなを書きましょう。

21点（一つ3）

① 委員会（　　）からのプリントを 配（　　）る。

② 駅前（　　）をさいかい開発する 作業（　　）。

③ 休日（　　）は 家族（　　）がそろってすごす。

④ 薬（　　）を買いそろえる。

2 あてはまる漢字を書きましょう。

15点（一つ3）

① スープを［の］みほす。

② ［ぎょう｜れつ］にならんで［ま］つ。

③ 新しい［せい｜めい］を［まも］る。

うらのページにつづくよ！

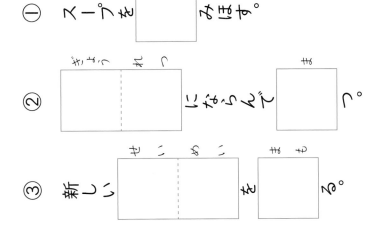

3 ——の漢字の読みがなを書きましょう。 16点（一つ2）

① 大豆をにこむ。（　　）／豆をまく。（　　）

② 田畑をたがやす。（　　）／れんげ畑（　　）

③ 笛をふく。（　　）／汽笛を鳴らす。（　　）

④ テレビ放送（　　）／手を放す。（　　）

4 次の言葉を、漢字と送りがなで書きましょう。 24点（一つ4）

① うつくしい（　　）

② みじかい（　　）

③ ころがす（　　）

④ まける（　　）

⑤ そだてる（　　）

⑥ しあわせ（　　）

5 次のそれぞれの二字じゅく語をかんせいさせましょう。 24点（一つ4）

① 相（そう）□（だん）

② □（しょう）和（わ）

③ □（べん）強（きょう）

④ 医（い）□（しゃ）

⑤ 写（しゃ）□（しん）

⑥ 中（ちゅう）□（おう）

きほんのドリル 44。

カンジーはかせの音訓かるた (1)

時間 15分
ごうかく80点 /100
答え 104ページ
サクッとこたえあわせ
月　日

書いておぼえよう！

帳（教94ページ）　チョウ
11画　帳帳帳帳帳帳帳帳帳帳帳
帳面（ちょうめん）　通帳（つうちょう）　地図帳（ちずちょう）　手帳（てちょう）
帳（はばへん・きんべん）

代（教94ページ）　ダイ・タイ　か(わる)・か(える)・よ
5画　代代代代代
代わる（かわる）　神代（かみよ）　代金（だいきん）　交代（こうたい）
代（にんべん）

曲（教94ページ）　キョク　ま(がる)・ま(げる)
6画　曲曲曲曲曲曲
曲がる（まがる）　曲げる（まげる）　名曲（めいきょく）　曲線（きょくせん）
曲（ひらび・いわく）

投（教94ページ）　トウ　な(げる)　（はねる）
7画　投投投投投投投
ボールを投げる（なげる）　投手（とうしゅ）　投書（とうしょ）
投（てへん）

炭（教94ページ）　タン　すみ　（はらう）
9画　炭炭炭炭炭炭炭炭炭
炭火（すみび）　炭焼き（すみやき）　石炭（せきたん）　炭田（たんでん）
炭（ひ）

読んでおぼえよう！

●…読み方が新しい漢字

千（教94ページ）　セン　ち
手（教94ページ）　シュ　て

1 読みがなを書きましょう。　20点（一つ4）

① 手帳（　　）に書く。
② 千代紙（　　）をおる。
③ 左に曲（　　）がる。
④ ボールを投（　　）げる。
⑤ 石炭（　　）がもえる。

教科書 下94～95ページ

うらのページにつづくよ！

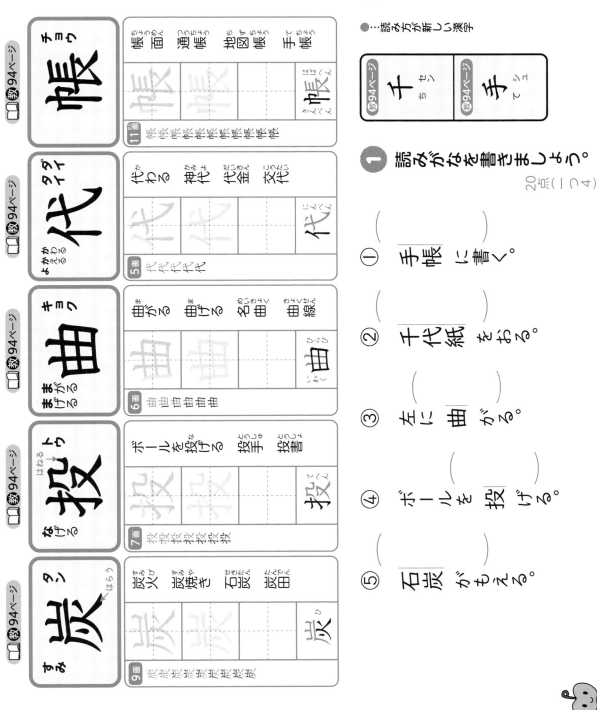

2 あてはまる漢字を書きましょう。

80点（一つ10）

① 聞いたことを［てちょう］にメモする。

② 外国の人へのおみやげに［ちよがみ］をおくる。

③ 新しい［じだい］が始まる。

④ 落とした本をこしを［ま］げて拾い上げる。

⑤ 自分のすきな［きょく］をそれぞれ歌った。

⑥ ボールを思いきり遠くまで［な］げる。

⑦ 世界てきに有名な日本の野球の［とうしゅ］。

⑧ バーベキュー用に［もくたん］を買う。

②「ちよ」には、長い年月という意味があるよ。

ヒント ② ⑧「たん」は、もえるものなので漢字の中に「火」が入っています。

きほんのドリル 45。

カンジーはかせの音訓（おんくん）かるた (2)

時間 15分
ごうかく80点 ／100
サクッとこたえあわせ
答え 104ページ
月　日

書いておぼえよう！

教94ページ
羊 ヨウ／ひつじ
長く
6画 羊羊羊羊羊羊
白（しろ）い羊（ひつじ）　子羊（こひつじ）　羊毛（ようもう）
羊（ひつじ）

教94ページ
宿 シュク／やど・やどる・やどす
11画 宿宿宿宿宿宿宿宿宿宿宿
宿屋（やどや）　宿（やど）る　宿（やど）す　宿題（しゅくだい）
宀（うかんむり）

教94ページ
丁 チョウ
はねる
2画 丁丁
一丁（いっちょう）　落丁（らくちょう）
一（いち）

教94ページ
宮 キュウ／みや
大きく
10画 宮宮宮宮宮宮宮宮宮宮
宮様（みやさま）　宮（みや）まいり　王宮（おうきゅう）
宀（うかんむり）

教94ページ
院 イン
はねる
10画 院院院院院院院院院院
入院（にゅういん）　院長（いんちょう）　医院（いいん）　病院（びょういん）
阝（こざとへん）

読んでおぼえよう！

●…読み方が新しい漢字

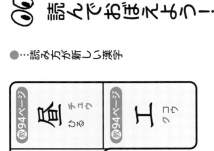

教94ページ 昼 チュウ／ひる
教94ページ 寺 ジ／てら
教94ページ 工 コウ／ク

1 読みがなを書きましょう。 20点（一つ4）

① 羊毛（　　）のセーター。

② 宿（　　）にとまる。

③ とうふを 一丁（　　）買う。

④ 宮大工（　　）の仕事。

⑤ 有名な 寺院（　　）。

← うらのページにつづくよ！

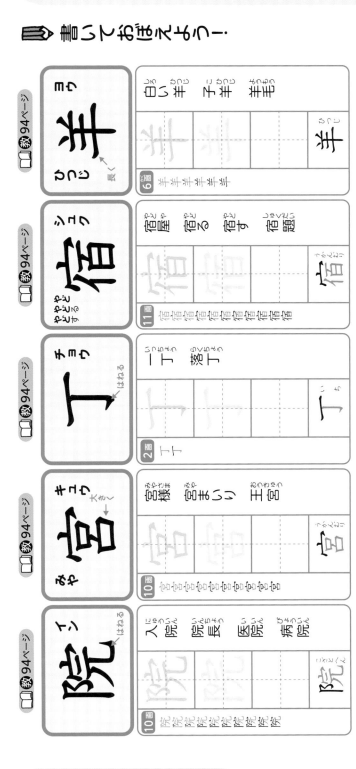

❷ あてはまる漢字を書きましょう。

80点（一つ10）

①［ようもう］で作った人形。

②かっている犬が新しい命を［やど］す。

③十一時から［ちゅうしょく］の用意をする。

④［ごちょうめ］の交番で道をたずねる。

⑤赤ちゃんをつれてお［みや］まいりをする。

⑥がんこな［だいく］の頭りょう。

⑦奈良(なら)県の東大(とうだい)［じ］を見学する。

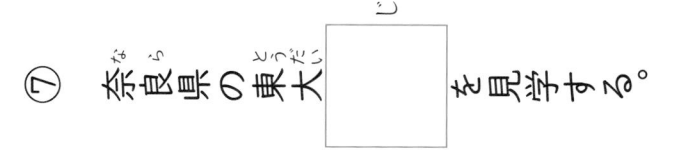

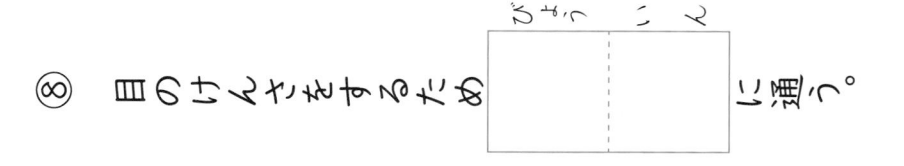

⑧目のけんさをするため［びょういん］に通う。

「ようもう」は「ひつじ」の「け」のことだよ。

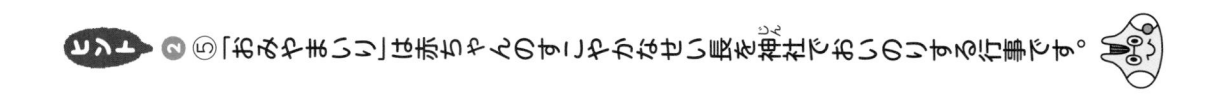

ヒント ❷⑤「おみやまいり」は赤ちゃんのすこやかなせい長を神社(じんじゃ)でおいのりする行事です。

きほんのドリル 46。

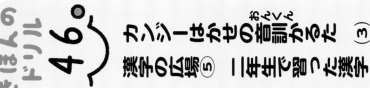

カンジーはかせの音訓かるた（3）
漢字の広場⑤ 二年生で習った漢字

時間 15分
ごうかく80点 ／100
サクッとこたえあわせ
答え 104ページ
月　日

書いておぼえよう！

教95ページ
礼 レイ
5画 礼礼礼礼礼
お礼（れい）　謝礼（しゃれい）　無礼（ぶれい）　礼金（れいきん）
しめすへん

教95ページ
等 トウ　ひとしい
12画 等等等等等等等等等等等等
数（かず）が等（ひと）しい　上等（じょうとう）　平等（びょうどう）
たけかんむり

教95ページ
反 ハン　そる　そらす
4画 反反反反
反（そ）る　反（そ）らす　反対（はんたい）　反転（はんてん）
また

教95ページ
君 クン　きみ
7画 君君君君君君君
父君（ちちぎみ）　山田君（やまだくん）　君主（くんしゅ）
くち

教95ページ
乗 ジョウ　のる　のせる
9画 乗乗乗乗乗乗乗乗乗
電車（でんしゃ）に乗（の）る　乗（の）せる　乗車（じょうしゃ）
はらいぼう

読んでおぼえよう！

●…読み方が新しい漢字

教96ページ
池 チ　いけ

1 読みがなを書きましょう。20点（一つ4）

① お礼（　）の品物。
② 一等（　）になる。
③ 反対（　）の意見。
④ 山田君（　）をよぶ。
⑤ 車に乗（　）る。

← うらのページにつづくよ！

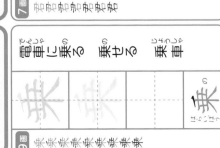

2 あてはまる漢字を書きましょう。

80点（一つ10）

① たん生日プレゼントのお［れい］を言う。

② チョコレートケーキを四つに［とうぶん］する。

③ 二つの線の長さは全く［ひと］しい。

④ 兄に［はんぱつ］する。

⑤ ［きみ］とぼくは同じグループだ。

⑥ 兄と姉と三人で湖のボートに［の］る。

⑦ ［じょうきゃく］が席（せき）にすわるとバスがはっ車した。

⑧ テレビのリモコンの［でんち］を交かんする。

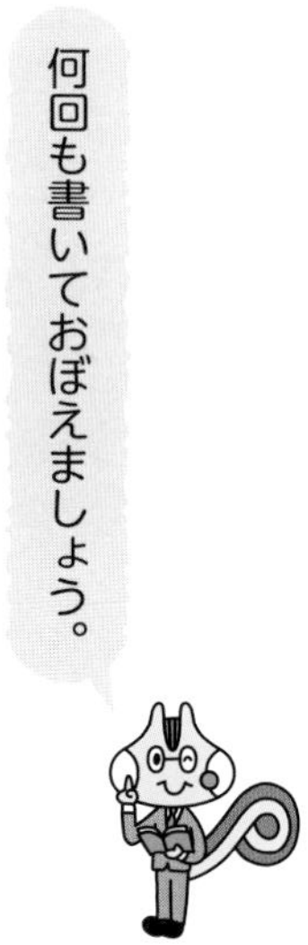

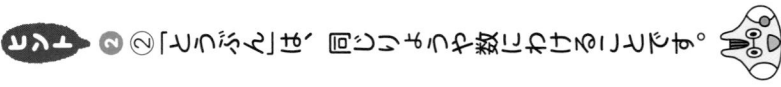

ヒント ② ②「とうぶん」は、同じりょうや数にわけることです。

きほんのドリル 47。
ありの行列
つたわる言葉で表そう

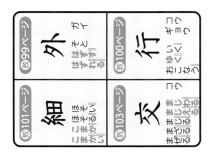

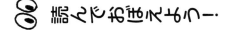

時間 15分　ごうかく80点　/100
答え 104ページ
月　日

書いておぼえよう！

教98ページ　庭　テイ　にわ（出る）
10画　庭庭庭庭庭庭庭庭庭庭
前庭（まえにわ）　庭石（にわいし）　家庭（かてい）　庭園（ていえん）
庭（まだれ）

教101ページ　研　ケン（長く）
9画　研研研研研研研研研
研究（けんきゅう）　研修（けんしゅう）
研（いしへん）

教101ページ　究　キュウ（はねる）
7画　究究究究究究究
研究（けんきゅう）　究明（きゅうめい）
究（あなかんむり）

教107ページ　打　ダ　うつ（はねる）
5画　打打打打打
球を打つ（たまをうつ）　打者（だしゃ）
打（てへん）

教108ページ　受　ジュ　うける　うかる（はなす）
8画　受受受受受受受受
受ける（うける）　しけんに受かる（うかる）　受理（じゅり）
受（また）

読んでおぼえよう！

●…読み方が新しい漢字　＝…送りがな

教99ページ　外　ガイ　そと　はずす　はずれる	教101ページ　細　ほそい　ほそる　こまか　こまかい
教100ページ　行　ギョウ　コウ　いく　ゆく　おこなう	教103ページ　交　コウ　まじわる　まじえる　まじる　まざる　まぜる

1 読みがなを書きましょう。　20点（一つ4）

① 庭（　）で遊ぶ。
② 町の外（　）れ。
③ 虫の研究（　）をする。
④ ボールを打（　）つ。
⑤ 教育を受（　）ける。

← うらのページにつづくよ！

② あてはまる漢字を書きましょう。

80点（一つ10）

① □（にわ）にまいたたねから花がさいた。

② 入れば同点になるシュートを□（はず）してしまった。

③ がけが□（ゆ）く手をさえぎっている。

④ 目に見えない□（こま）かなほこり。

⑤ 星の動きについて□□（けんきゅう）をする学生。

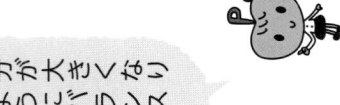

⑥ たくさんの線が□（まじ）わる部分にしるしをつける。

⑦ 金づちでくぎを□（う）つ音が聞こえる。

⑧ しけんに□（う）かってよろこぶ。

字の一部分が大きくなりすぎないようにバランスよく書こう。

ヒント ② ⑦「うつ」の五画目は、はねて書きましょう。

きほんのドリル 48。

たから島のぼうけん お気に入りの場所、教えます モチモチの木 (1)

時間 15分　ごうかく80点　/100　月　日

サクッとこたえあわせ　答え104ページ

書いておぼえよう！

教111ページ
島　しま　トウ　（はねる）
10画　島島島島島島島島島島
日本(にほん)の島(しま)　島国(しまぐに)　半島(はんとう)
島（やま）

教123ページ
追　おう　ツイ
9画　追追追追追追追追追
追(お)う　追(お)いかける　追究(ついきゅう)
追（しんにょう／しんにゅう）

教124ページ
実　み　みのる　ジツ　（はらう）
8画　実実実実実実実実
木(き)の実(み)　ももが実(みの)る　実行(じっこう)
実（うかんむり）

教126ページ
神　かみ　シン　ジン　（出る）
9画　神神神神神神神神神
神様(かみさま)　神話(しんわ)　神社(じんじゃ)
神（しめすへん）

読んでおぼえよう！

●…読み方が新しい漢字　＝…送りがな
●…とくべつな読み方をする漢字

教117ページ　弱　ジャク　よわい　よわる　よわまる　よわめる	教126ページ　夜　ヤ　よ　よる	教126ページ　二十日　はつか

教科書 下 111～136ページ

1 読みがなを書きましょう。

20点（一つ4）

① たから島をさがす。（　　）

② 鳥を追いかける。（　　）

③ くりの実。（　　）

④ 神様におねがいする。（　　）

⑤ 十一月二十日。（　　）

何回も書いて
おぼえましょう。

うらのページにつづくよ！

❷ あてはまる漢字を書きましょう。

80点（一つ10）

① 海にうかぶ［しま］に向けて船を進める。

② 日本［れっとう］にすむ動物たち。

③ 音の［きょうじゃく］を聞き分ける。

④ にげたねこをあわてて［お］う。

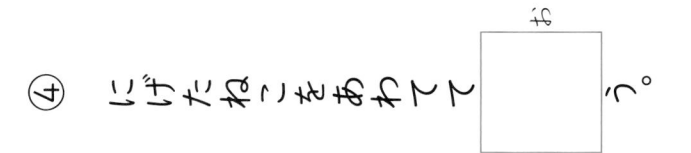

⑤ すっかりじゅくした木の［み］が落ちる。

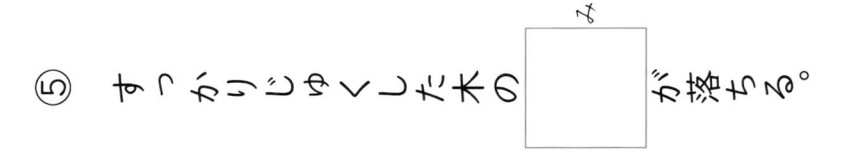

⑥ ［こんや］は寒いのでストーブを出した。

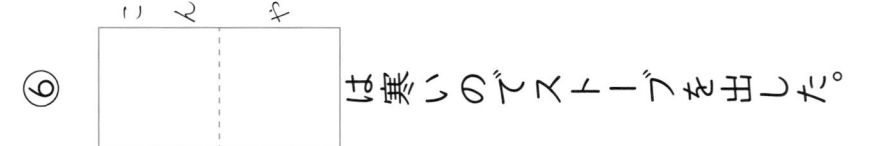

⑦ こまった時に［かみ］だのみをする。

⑧ 毎月［はつか］に安売りをする店。

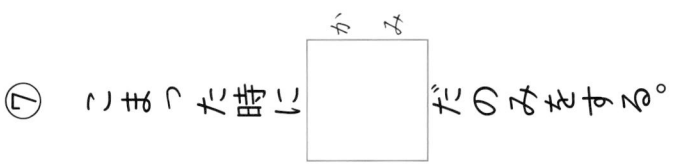

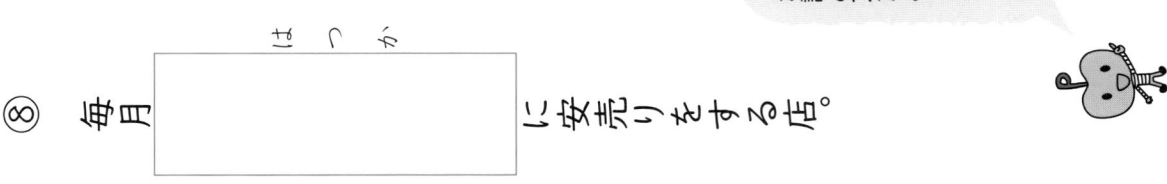

⑧「はつか」はとくべつな読み方だよ。

ヒント ❷ ①②「鳥」という漢字とにているので、まちがえないよう注意しましょう。

きほんのドリル 49。 モチモチの木 (2)

時間 15分　ごうかく80点　/100

サクッとこたえあわせ　答え 104ページ

月　日

書いておぼえよう！

教 129ページ　**箱**　はこ
15画　箱箱箱箱箱箱箱箱箱箱箱箱箱箱箱
みかんの箱（はこ）　筆箱（ふでばこ）　本箱（ほんばこ）
箱（たけかんむり）

教 132ページ　**湯**　ゆ　トウ　（はねる）
12画　湯湯湯湯湯湯湯湯湯湯湯湯
ふろの湯（ゆ）　湯気（ゆげ）　熱湯（ねっとう）
湯（さんずい）

教 133ページ　**他**　ほか　タ　（はねる）
5画　他他他他他
他の人（ほかのひと）　他人（たにん）　他国（たこく）　その他（そのた）
他（にんべん）

教 135ページ　**身**　み　シン　（出ない）
7画　身身身身身身身
身近（みぢか）　身元（みもと）　身体（しんたい）　自身（じしん）
身（み）

読んでおぼえよう！

●…読み方が新しい漢字

教132ページ　**明**　**あかり**・あかるい・あかるむ　あからむ・あきらか　あける・あく・あくる・あかす

教科書 下 121〜136ページ

1 読みがなを書きましょう。 20点（一つ4）

① 薬箱に入れる。

② 明かりをつける。

③ お湯を入れる。

④ 他の人に聞く。

⑤ 身の回りの出来事。

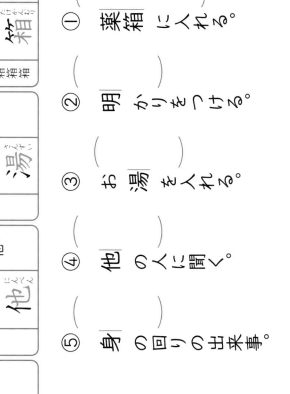

「他人」と「他の人」は同じ意味です。

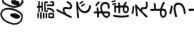

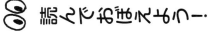

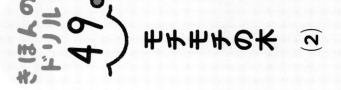

うらのページにつづくよ！

2 あてはまる漢字を書きましょう。

80点（一つ10）

① 前もって［くすりばこ］を用意しておく。

② 新しい［ふでばこ］を買ってもらう。

③ ろうそくの［あ］かりに心が休まる。

④ なべに［ゆ］をわかして野さいをゆでる。

⑤ ふきんを熱［とう］で消どくする。

⑥ あめの［ほか］にもおかしを買う。

⑦ ［たにん］のことを気にしすぎないようにする。

⑧ 一年間で［しんちょう］が十センチものびた。

ヒント 2
④⑤「ゆ」「とう」は、水に関係する漢字なので、さんずいです。
⑧「しん」の六画目は、つきぬけないように注意しましょう。

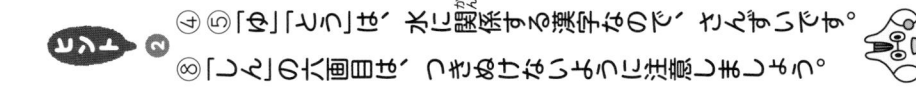

一月から三月に習った漢字

時間 20分
ごうかく80点
／100
サクッとこたえあわせ
答え 104ページ
月　日

1 漢字の読みがなを書きましょう。　14点（一つ2）

① 六月 二十日（　　） は母のたん生日です。

② 乗客（　　） の名前を 帳面（　　） に書く。

③ 投手（　　） が 曲（　　） がる球を投げる。

④ 昼食（　　） がとどいたので 受（　　） けとる。

2 あてはまる漢字を書きましょう。　14点（一つ2）

① 計画を立てて［じっこう］する。

② ［だいく］が［じいん］をたてる。

③ ［やど］の［にわ］をさん歩する。

④ ［せきたん］を［はこ］にしまう。

← うらのページにつづくよ！

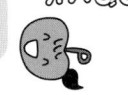

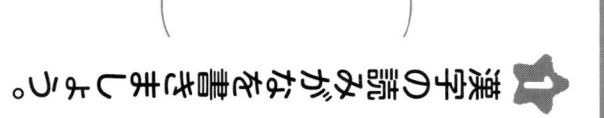

3 次の漢字と反対の意味の言葉を□からえらび、漢字に直して書きましょう。 24点(一つ4)

① □楽
② □外
③ 長□
④ 始□
⑤ 生□
⑥ □負

シ　ナイ　ク　ジュウ　ショウ　タン

4 次の漢字の総画数(そうかく)を、漢数字で書きましょう。 24点(一つ4)

① 羊（　）
② 身（　）
③ 等（　）
④ 湯（　）
⑤ 乗（　）
⑥ 宮（　）

5 組み合わせて、漢字をかんせいさせましょう。 24点(一つ4)

① 鳥＋山＝□
② ネ＋し＝□
③ 石＋开＝□
④ イ＋也＝□
⑤ 辶＋自＝□
⑥ 亠＋儿＋九＝□

答え

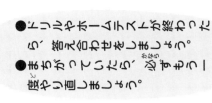

●ドリルやホームテストが終わったら、答え合わせをしましょう。
●まちがっていたら、必ずもう一度やり直しましょう。

1. 漢字のふく習　1～2ページ

1 ①か　②たか　③かえ　④てんさい　⑤まる　⑥かお　⑦そと　⑧にっき　⑨こんしゅう

2 ①首　②地図　③方角　④引　⑤親友　⑥楽　⑦弟　⑧番組

3 ①いちば　②ふる　③がようし　④しんぶん　⑤りか　⑥きしゃ　⑦さかな　⑧けいと　⑨のはら

4 ①活気　②南　③公園　④算数　⑤考　⑥歌声　⑦風　⑧麦茶

2. きほんのドリル　3～4ページ

1 ①し　②は　③がくしゅう　④き　⑤とうじょう

2 ①詩　②葉　③言葉　④習　⑤着　⑥着目　⑦登場　⑧登山

3. きほんのドリル　5～6ページ

1 ①じんぶつ　②も　③りょこう　④はじ　⑤しんこう

2 ①人物　②持　③旅行　④旅　⑤黄金　⑥始　⑦進　⑧進行

4. きほんのドリル　7～8ページ

1 ①どうぶつ　②ふか　③ようす　④ほうめん　⑤としょかん

2 ①動物　②動　③深夜　④深　⑤様子　⑥王様　⑦画面　⑧図書館

5. きほんのドリル　9～10ページ

1 ①ばんごう　②しら　③つか　④もん　⑤ようい

2 ①記号　②調　③体調　④使　⑤使用　⑥学問　⑦問　⑧用意

6. きほんのドリル　11～12ページ

1 ①みかた　②みずうみ　③かんじ　④じゆう　⑤あたた

2 ①味　②意味　③湖　④漢字　⑤理由　⑥温　⑦温　⑧気温

7. きほんのドリル　13～14ページ

1 ①ざけ　②もんだい　③はつおん　④ぶんしょう　⑤へいき

2 ①酒　②題名　③発音　④発売　⑤人形　⑥文章　⑦平　⑧平面

8. きほんのドリル　15～16ページ

1 ①き　②できごと　③お　④あいて　⑤よう

2 ①決　②大事　③出来事　④中心　⑤落　⑥落下　⑦相　⑧洋

9. きほんのドリル　17～18ページ

1 ①ふく　②つぎ　③ばしょ　④けんどう　⑤ゆうめい

2 ①夏服　②洋服　③次　④朝食　⑤所　⑥県　⑦早朝　⑧有名

10. きほんのドリル　19～20ページ

1 ①こおり　②ごびょう　③のうか　④しごと　⑤やきゅう

2 ①氷　②日光　③一分　④秒　⑤農作物　⑥仕組　⑦野球　⑧地球

11. きほんのドリル　21～22ページ

1 ①きょく　②ぜんたい　③あそ　④あらわ　⑤はっけん

2 ①局　②全体　③全　④遊　⑤遊園地　⑥表　⑦表面　⑧発見

12 まとめのドリル 23～24ページ

1 ①ことば ②しょう ③あいて ④かん ⑤しょゆう ⑥しら・はっぴょう ⑦のうさくぶつ・お ⑧きょう・あたた ⑨そうちょう・やきゅう

2 ①登山 ②氷 ③旅行 ④酒 ⑤意見・大事 ⑥決意・表れる ⑦自由・服 ⑧全体・様子

13 きほんのドリル 25～26ページ

1 ①むかし ②せかい ③はや ④おこな ⑤よこ

2 ①昔 ②世界 ③元 ④速 ⑤時速 ⑥行 ⑦横 ⑧横

14 きほんのドリル 27～28ページ

1 ①ゆび ②てつ ③あんてい ④さだ ⑤じょうず

2 ①指名 ②指 ③鉄 ④安心 ⑤安定 ⑥安 ⑦一定 ⑧上手

15 きほんのドリル 29～30ページ

1 ①うんどうかい ②よてい ③そう ④ついたち ⑤かよ ⑥おく ⑦じゅうしょ

2 ①運動会 ②走 ③一日 ④予定 ⑤通 ⑥送 ⑦住人 ⑧住

16 きほんのドリル 31～32ページ

1 ①ぐ ②ひろ ③む ④さか ⑤ひめい

2 ①道具 ②金具 ③拾 ④向 ⑤坂道 ⑥悲 ⑦悲鳴 ⑧円

17 きほんのドリル 33～34ページ

1 ①みどり ②ひら ③かいがん ④ろせん ⑤かん

2 ①緑色 ②歩道 ③開 ④開店 ⑤岸 ⑥道路 ⑦感動 ⑧羽

18 きほんのドリル 35～36ページ

1 ①たいわ ②くぎ ③たいよう ④せいり ⑤ぶぶん

2 ①対決 ②調子 ③地区 ④東・太陽 ⑤整 ⑥全部 ⑦校歌

19 きほんのドリル 37～38ページ

1 ①およ ②れんしゅう ③じょげん ④どうわ ⑤もう

2 ①近所・泳 ②練習 ③助言・練 ④助 ⑤学童 ⑥申 ⑦引用 ⑧出発

20 きほんのドリル 39～40ページ

1 ①さくひん ②しょうばい ③きゃく ④ごうけい ⑤にゅうがくしき

2 ①商品 ②品物 ③商売 ④客 ⑤来客 ⑥読点 ⑦入学式 ⑧大人

21 きほんのドリル 41～42ページ

1 ①きょねん ②にばい ③もうひつ ④ぎんこう ⑤どうじ

2 ①晴天 ②去年 ③倍 ④毛筆 ⑤銀色 ⑥直線 ⑦今年 ⑧二日

22 きほんのドリル 43～44ページ

1 ①しょくぶつ ②あつ ③かせき ④し ⑤つごう

2 ①新 ②植物 ③植 ④集 ⑤化石 ⑥死 ⑦白玉 ⑧都

23 まとめのドリル 45～46ページ

1 ①じょうず ②うんそう ③かいがん ④れんしゅう ⑤しょくぶつ ⑥きゃくさま ⑦ふつか・せいてん ⑧せかい・かな ⑨たいよう・じめん

2 ①去年 ②商品 ③通う ④一定 ⑤整える ⑥都会・集中 ⑦鉄・開く ⑧歩道・緑 ⑨向かい・住

24 夏休みのホームテスト 47～48ページ

1 ①つぎ・はじ ②じんぶつ・ちゃくもく ③らくよう・しら ④きんじょ・あそ

2 ①問題 ②道具・横 ③太陽・地面

3 ①ひん・しな ②かん・やかた ③ふで・ひつ ④りょく・みどり

★4 ①助ける ②拾う ③開く ④表す ⑤植える ⑥深まる

★5 ①味 ②対 ③引 ④習 ⑤路 ⑥発

25. きほんのドリル 49～50ページ

1 ①りょうて ②ま ③かかり ④けい ⑤ぜんいん

2 ①両親 ②両手 ③負 ④負 ⑤係 ⑥係 ⑦店員 ⑧定員

26. きほんのドリル 51～52ページ

1 ①まつ ②さぎょう ③てっぱん ④でんちゅう ⑤ゆでん

2 ①祭 ②工業 ③羽子板 ④黒板 ⑤鉄柱 ⑥油絵 ⑦作用 ⑧休日

27. きほんのドリル 53～54ページ

1 ①かいこう ②くすり ③くちぶえ ④ちゅうい ⑤とけい

2 ①空港 ②目薬 ③薬 ④笛 ⑤汽笛 ⑥雲海 ⑦新雪 ⑧注意

28. きほんのドリル 55～56ページ

1 ①わる ②ひっしゃ ③しょうぶ ④しゃこ ⑤ま

2 ①悪者 ②感知 ③作者 ④売買 ⑤勝 ⑥決勝 ⑦広大 ⑧書庫

29. きほんのドリル 57～58ページ

1 ①なみ ②でんぱ ③ほうそう ④べんきょう ⑤きょうりょく

2 ①電波 ②波長 ③放出 ④放 ⑤勉学 ⑥帰国 ⑦強化 ⑧全力

30. きほんのドリル 59～60ページ

1 ①かんそう ②しゃしん ③まごころ ④れっしゃ ⑤ち

2 ①理想 ②父 ③兄 ④写生 ⑤真夏 ⑥前列 ⑦血 ⑧出血

31. きほんのドリル 61～62ページ

1 ①くら ②はし ③あつ ④さむ ⑤かる

2 ①暗 ②暗記 ③橋 ④鉄橋 ⑤暑 ⑥寒 ⑦軽 ⑧軽食

32. きほんのドリル 63～64ページ

1 ①いのち ②だいいち ③かえ ④しゅご ⑤きゅうしゅう

2 ①命 ②第一 ③明 ④返事 ⑤返 ⑥主語 ⑦主 ⑧九州

33. きほんのドリル 65～66ページ

1 ①ふうせん ②やね ③にもつ ④まも ⑤やく

2 ①米屋 ②屋上 ③根気 ④荷 ⑤守 ⑥役所 ⑦明日 ⑧新米

34. まとめのドリル 67～68ページ

1 ①はしらどけい ②ごや・しゃせい ③てっぱん・あぶら ④ぜんいん・やく ⑤きゅうしゅう ⑥れっしゃ ⑦ばし ⑧にんきもの ⑨きょうりょく・でんぱ

2 ①両手・軽く ②寒い ③暑い ④荷台 ⑤作業 ⑥勝負・明らか ⑦薬局 ⑧感知 ⑨命・第一

35. きほんのドリル 69～70ページ

1 ①だいず ②そだ ③しょうか ④と ⑤じき

2 ①大豆 ②育 ③体育館 ④消 ⑤消 ⑥豆 ⑦取 ⑧期間

36. きほんのドリル 71～72ページ

1 ①はたけ ②お ③ふく ④いそ ⑤お

2 ①畑 ②終 ③終点 ④福 ⑤急 ⑥急行 ⑦起 ⑧起

37. きほんのドリル 73～74ページ

1 ①く ②ま ③そうだん ④はな ⑤は

2 ①苦心 ②多少 ③待 ④会談 ⑤談話 ⑥鼻 ⑦歯 ⑧交

38. きほんのドリル 75～76ページ

1 ①ちゅうおう ②にかい ③いいんかい

④がっきゅう　⑤しょう

2 ①中央　②階下　③二階　④委員　⑤委
⑥進級　⑦高級　⑧昭

39 きほんのドリル 77～78ページ

1 ①へいわ　②えき　③かわ　④さら
⑤たんか

2 ①和食　②駅　③教　④皮　⑤皿　⑥今朝
⑦部屋　⑧短

40 きほんのドリル 79～80ページ

1 ①いき　②うつく　③こころ　④びょうき
⑤やまい

2 ①休息　②息　③美　④美化　⑤転校
⑥転　⑦真・青　⑧病気

41 きほんのドリル 81～82ページ

1 ①いしゃ　②の　③おも　④しんぱい
⑤くば

2 ①医学　②名医　③飲　④飲食　⑤重
⑥体重　⑦重　⑧気配

42 きほんのドリル 83～84ページ

1 ①いちど　②しあわ　③なが　④かぞく
⑤こうこうせい

2 ①温度　②角度　③幸　④幸運　⑤流
⑥流氷　⑦家族　⑧水族館

43 冬休みのホームテスト 85～86ページ

☆1 ①いいんかい・くば
②えきまえ・さぎょう
③きゅうじつ・かぞく　④くすり

☆2 ①飲　②行列・待　③生命・守

☆3 ①ず・まめ　②はた・ばたけ
③ふえ・てき　④ほう・はな

☆4 ①美しい　②短い　③転がす　④負ける
⑤育てる　⑥幸せ

☆5 ①談　②昭　③勉　④者　⑤真　⑥央

44 きほんのドリル 87～88ページ

1 ①てちょう　②ちよがみ　③ま
④な　⑤せきたん

2 ①手帳　②千代紙　③時代　④曲　⑤曲
⑥投　⑦投手　⑧木炭

45 きほんのドリル 89～90ページ

1 ①ようもう　②やど　③いっちょう
④みやだいく　⑤じいん

2 ①羊毛　②宿　③昼食　④五丁目　⑤宮
⑥大工　⑦寺　⑧病院

46 きほんのドリル 91～92ページ

1 ①れい　②いっとう　③はんたい
④くん　⑤の

2 ①礼　②等分　③等　④反発　⑤君
⑥乗　⑦乗客　⑧電池

47 きほんのドリル 93～94ページ

1 ①にわ　②はず　③けんきゅう　④う
⑤う

2 ①庭　②外　③行　④細
⑤研究　⑥交　⑦打　⑧受

48 きほんのドリル 95～96ページ

1 ①じま　②お　③み　④かみさま
⑤はつか

2 ①島　②列島　③強弱　④追　⑤実
⑥今夜　⑦神　⑧二十日

49 きほんのドリル 97～98ページ

1 ①くすりばこ　②あ　③ゆ
④ほか（た）　⑤み

2 ①薬箱　②筆箱　③明　④湯　⑤湯
⑥他　⑦他人　⑧身長

50 学年末のホームテスト 99～100ページ

☆1 ①はつか　②じょうきゃく・ちょうめん
③とうしゅ・ま　④ちゅうしょく・う

☆2 ①実行　②大工・寺院　③宿・庭
④石炭・箱

☆3 ①苦　②内　③短　④終　⑤死　⑥勝

☆4 ①六　②七　③十二　④十二　⑤九　⑥十

☆5 ①島　②礼　③研　④他　⑤追　⑥究